LE

DESTIN ANTIQUE

RÉTABLI

d'après les anciens manuscrits chaldaïques
syriaques et autres

AVEC UNE

INTRODUCTION HISTORIQUE SUR LE JEU DE CARTES

PAR

EUGÈNE D'AURIAC

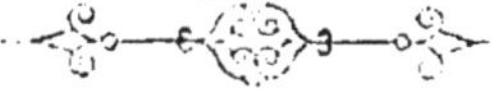

Chez les principaux papetiers et libraires
de France.

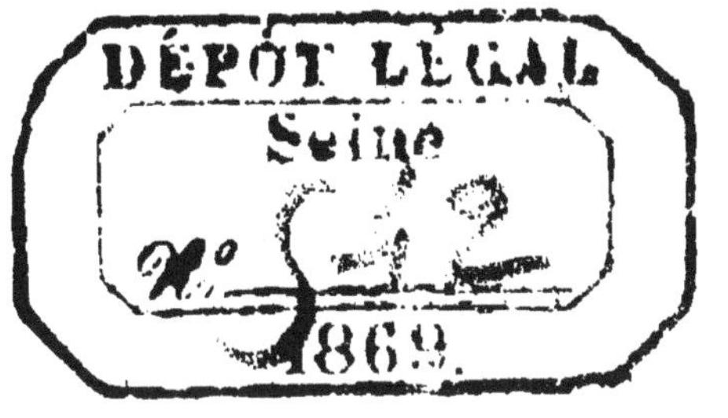

LE

DESTIN ANTIQUE

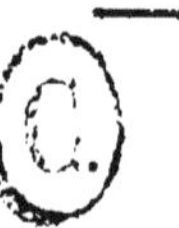

TABLE DES MATIÈRES

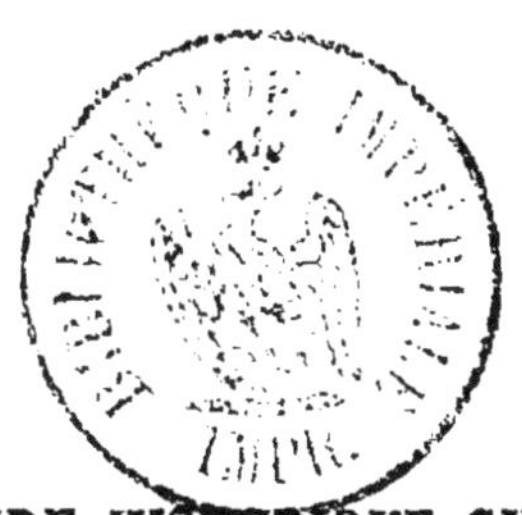

ÉTUDE HISTORIQUE SUR LE JEU DE CARTES.

Pages

I. — Les cartes et la divination. — Livres sacrés de tous les peuples. — Les Égyptiens et les Chaldéens. — Les Israélites et leurs prophétesses. — Joseph explique les songes. — Opérations magiques et superstitieuses 3

II. — La divination chez les Grecs. — Les Chaldéens à Rome. — Augures et Aruspices. — La foi dans les pronostics diminue. — Persécutions contre les devins 12

III. — Les Druides et Druidesses prédisent l'avenir. — Se réfugient dans certaines contrées où ils conservent leurs traditions. — Devins consultés par les chrétiens. — Enchanteurs et magiciens. — Les Bohémiens. — Condamnation des sorciers. — Croyance à la divination 17

IV. — Les Chaldéens consultent les astres. — Leurs observations sur des tablettes. — Leurs connaissances étendues. — Pratiques et super-

Pages.

stitions des Hébreux. — Opérations magiques des Grecs. — Médée et Circé. — L'Oracle de Delphes 25

V. — Les Sibylles. — Tarquin l'Ancien et la Sibylle de Cumes. — La divination associée au gouvernement chez les Romains. — Demande de brûler les livres des devins. — Croyances des chrétiens aux reliques, talismans, divinations et sorts. — Ignorance du moyen âge. — Révélation des études et de la science des Chaldéens par les anciens manuscrits.......... 31

VI. — Jacquemin Gringonneur. — Origine des cartes. — Tablettes des Chaldéens connues en Chine, — employées par les Bohémiens. — Les Naïbi en Italie. — Ancienne division des cartes. — Transformations diverses. — Nouvelles figures 39

VII. — Les cartes de Charles VI. — Prétendue découverte. — Du Harley et sa famille. — Curieux anagrammes. — Choix des couleurs. — Noms des personnages. — Les cartes connues et prohibées, — perfectionnées sous Charles VII. 46

VIII. — Le jeu de piquet et ses quadrilles. — État de guerre des anciennes sociétés. — Moralité du jeu. — Valeur des cartes. — Attributions et distinctions. — Symboles et significations. — Figures du jeu. — Rois, dames et valets. — Conclusion........ 54

LE DESTIN ANTIQUE.

Pages.

Valeur et ordre des cartes 65

Signification des cartes........................ 67

Rapport des cartes avec les anciens signes adoptés par les devins........................ 77

Interprétation et classification des cartes........ 83

Rapport des cartes entre elles........................ 93

Explication des cartes........................ 100

Manière de tirer les cartes........................ 106

Le grand jeu........................ 120

FIN DE LA TABLE DES MATIÈRES.

LE DESTIN ANTIQUE

RÉTABLI

D'APRÈS LES ANCIENS MANUSCRITS

CHALDAIQUES, SYRIAQUES ET AUTRES

AVEC UNE

INTRODUCTION HISTORIQUE SUR LE JEU DE CARTES

PAR

EUGÈNE D'AURIAC

PARIS

IMPRIMERIE DE PAUL DUPONT

RUE JEAN-JACQUES-ROUSSEAU, 41.

1868

ÉTUDE HISTORIQUE

SUR

LE JEU DE CARTES

I.

Les cartes et la divination. — Livres sacrés de tous les peuples. — Les Égyptiens et les Chaldéens. — Les Israélites et leurs prophétesses. — Joseph explique les songes. — Opérations magiques et superstitions.

Les cartes sont généralement considérées comme un simple instrument de jeu, et l'on oublie trop à combien d'intérêts et d'idées elles se rattachent. Si quelques historiens ont plusieurs fois tenté de percer le mystère de l'origine des cartes, elles ont plus rarement appelé l'attention du philosophe avide de rechercher l'influence qu'elles ont pu exercer sur les mœurs, l'industrie et la fortune privée. Cependant elles doivent se recommander surtout à notre curiosité par les avertissements, par les leçons qu'elles sont supposées renfermer, et par l'usage que savent en faire certaines personnes auxquelles on donne le titre de devins.

A toutes les époques, un singulier et infatigable besoin de connaître a poussé les hommes à jeter des regards inquiets sur l'avenir et à vouloir le pénétrer. Des réflexions sérieuses sur le passé, la comparaison de ce passé avec le présent durent naturellement amener à des inductions sur ce qui devait ou pouvait arriver. Mais ces observations avaient été faites par le plus petit nombre, par les savants. Or, comme l'inquiétude de l'avenir était générale, les ignorants écoutèrent avec avidité les savants, parce qu'ils les croyaient seuls capables de pénétrer les secrets des temps futurs.

La divination devint alors une véritable science, un art muni de ses règles, de ses préceptes, établi sur des bases mystérieuses et étroitement lié avec la religion. Ceux qui l'exercèrent furent plus ou moins adroits et ingénieux, plus ou moins habiles, selon le degré de civilisation du peuple qui les consultait. Cependant ils se disaient tous possesseurs exclusifs des secrets de la divination ; ils se prétendaient liés à des puissances surnaturelles par des chaînes auxquelles il n'était pas permis au vulgaire de se soumettre ; enfin, le désir de spéculer sur la crédulité fit prendre à l'imposture tous les dehors de la science, et c'est ainsi que l'on vit naître les sorciers, les magiciens, les astrologues et autres faiseurs de prédictions.

Ces hommes étaient-ils de bonne foi ? Il est permis d'en douter ; cependant il est parfois arrivé que certains d'entre eux ont rencontré juste dans leurs présages, soit par l'effet du hasard, soit par une connaissance parfaite des hommes, soit enfin par l'art de recueillir les circonstances les plus légères pour en tirer des indices. Dans ces rares circonstances, on a crié au miracle, au prodige, et ces exceptions étant prises pour des faits avérés, on a attribué à des causes surnaturelles le résultat de l'observation et d'une étude profonde de l'esprit humain.

Quoi qu'il en soit, la croyance aux devins se retrouve dans tous les âges et en tous lieux ; et cette croyance n'existe pas seulement parmi les classes ignorantes, on la trouve encore chez quelques personnes placées à la tête de la société. Ainsi Louis XI tremblait devant son astrologue aussi bien que devant son médecin ; les grands seigneurs du XVIe et du XVIIIe siècle croyaient aux opérations magiques, et Napoléon, qui avait une foi entière dans son étoile, allait consulter, de nos jours, une célèbre devineresse. C'est que le besoin de lire au delà du moment présent dans notre destinée est tellement inhérent à notre nature, que les devins ne font que satisfaire l'un des désirs les plus universels, les plus impatients, et en même temps les plus poétiques de l'esprit humain.

La science de la divination a toujours joué un rôle important, surtout à certaines époques, parmi les populations. On a condamné, on a brûlé les prétendus sorciers, et pourtant, malgré les persécutions, les châtiments et les condamnations judiciaires, nous voyons encore des sorciers exerçant dans nos campagnes leur influence sur les hommes et jusque sur les animaux. Les villes elles-mêmes ne sont pas à l'abri des croyances superstitieuses, car on y trouve encore des personnes qui prétendent lire l'avenir dans un œuf, dans le marc de café ou dans les lignes de la main.

Nous n'avons pas à examiner ici comment procèdent ces industriels, ni quelle confiance on doit ajouter à leurs prédictions; notre but est tout autre. D'où vient le principe de nos cartes? Comment est-on arrivé à s'en servir pour l'explication de l'avenir? Comment enfin les cartes sont-elles devenues un instrument d'observation et d'étude entre les mains de certains hommes? Tels sont les points sur lesquels vont porter nos recherches et nos explications. Nous espérons ainsi parvenir à démontrer que les cartes représentent de nos jours les tablettes et autres objets dont les peuples anciens faisaient usage pour tirer leurs présages et leurs augures.

Nos livres saints, ceux des Indous, des Chinois, des Grecs, parlent d'hommes s'appliquant à lire dans l'avenir. Les peuples qui vivent entièrement séparés du reste des nations, les sauvages, ont également des devins qui conservent sur eux une grande influence. Et, chose remarquable chez ces derniers, ce sont presque toujours les femmes qui exercent le sacerdoce magique. Il semble que leur organisation nerveuse, plus facilement excitable, les rende plus propres au rôle de devin ou d'enchanteur.

Si nous portons nos regards vers l'Inde, ce berceau d'une antique civilisation, qui a fourni à l'Europe ses préceptes les plus sages, comme ses superstitions les plus puissantes, on voit que les *Védas,* ouvrages religieux d'une haute antiquité, contiennent plusieurs écrits magiques.

Hérodote assure que les Égyptiens furent les inventeurs de l'astrologie. D'un autre côté, chez un grand nombre de nations, l'astrologie prenait le nom de science chaldaïque, parce que les Chaldéens passaient pour le peuple qui se livrait avec le plus d'ardeur à l'étude des astres aussi bien qu'à celle des sciences occultes. Disons en passant que nous avons trouvé au XVIe siècle, dans le nouveau monde, les Caraïbes revêtus du même caractère qu'on attribuait dans l'antiquité aux Chaldéens.

Les Israélites apprirent des Chaldéens et des Égyptiens la science de la divination; mais elle leur fut interdite par Dieu. Cependant la Bible parle fréquemment des devins que l'on recherchait et dont on redoutait les enchantements ou les maléfices; des prophètes, dont les écrits nous ont été religieusement conservés; des prophétesses telles que Déborah, Hulda, Miriam, Abigaïl, Esther et d'autres connues sous les noms de Phrygienne et de Libyque; de Sambotha, la Persique ou la Chaldéenne;

d'Anne, fille de Phanuel; et enfin, de la pythonisse d'Endor, l'une des premières devineresses connues.

Les études que nous avons faites sur le sujet qui nous occupe nous permettent d'affirmer que le désir de lire dans l'avenir a dû précéder, chez tous les peuples, celui d'opérer des prodiges aux yeux de la multitude. On cherchait d'abord la vérité; puis sont venus les imposteurs, qui ont confondu leurs inventions avec la science, et c'est ainsi que furent créés ces mille moyens d'en imposer à la foule, soit en annonçant les choses à venir, soit en donnant un sens aux mystères de la vie.

Sans parler de la nécromancie, de l'anthropomancie, de la rhabdomancie, de la gyromancie, de la tephramancie, de l'aéromancie ou de la pyromancie, toutes sciences plus ou moins douteuses, nous signalerons en particulier l'oneiromancie, ou science des songes, parce qu'elle était et qu'elle est encore en honneur dans tout l'Orient. Le songe est un phénomène qui, tout ordinaire qu'il soit, a constamment étonné les hommes. De tous temps ils y ont attaché des croyances superstitieuses ou des craintes puériles. L'histoire de Joseph est présente à tous les esprits, de même que celle de Nabuchodonosor, qui fit mourir les devins de la Chaldée, incapables d'expliquer les songes qu'il avait eus. Joseph semble aussi avoir pratiqué l'hydromancie, ou la divination par l'eau, puisque la Bible fait mention de la coupe dont il se servait pour tirer des augures.

Il est donc certain que les premiers Israélites eurent, comme les autres peuples, leurs pratiques magiques et leurs opérations divinatoires. Ils consultaient les sorts, expliquaient les songes, et croyaient aux talismans. La législation mosaïque proscrivit, il est vrai, ces superstitions dont elle pressentait les dangers, et qu'elle considérait comme une pente vers l'idolâtrie. Mais, en dépit de toutes les défenses, la foi aux devins et aux sorciers se continua. Au retour de leur captivité, les Hébreux rapportèrent dans leur patrie l'usage d'une foule de pratiques du même genre qu'ils avaient puisées à Babylone. Ces pratiques se retrouvent encore chez les Arabes, et le Tartare transporte avec lui, ou suspend à l'entrée de sa tente ses fétiches et ses idoles, comme le faisait Laban.

II.

La divination chez les Grecs. — Les Chaldéens à Rome. — Augures et aruspices. — La foi dans les pronostics diminue. — Persécutions contre les devins.

A leur tour les Grecs empruntèrent aux Chaldéens et aux Égyptiens leur science de la divination, et, comme ces habiles thaumaturges, ils semblèrent demander leurs inspirations au ciel. Zoroastre, le législateur de la Perse, devint pour eux l'inventeur de la magie, le patron des mages persans confondus avec les Chaldéens de Babylone. Quelques philosophes voulurent se faire initier aux secrets des disciples de Zoroastre, et plusieurs hommes, désireux d'opérer des prodiges et d'étonner l'imagination, allèrent même à la cour de Xerxès s'instruire de la science des enchantements.

Bientôt les connaissances des tireurs d'horoscopes s'introduisirent à Rome avec les doctrines grecques et orientales. Le nom de Chaldéen devint alors synonyme de diseur de bonne aventure, et bien des charlatans, qui n'avaient jamais été à Babylone, prirent ce titre pour inspirer plus de confiance à leurs dupes. C'était surtout auprès des femmes que les Chaldéens trouvaient crédit. Nous en avons le témoignage de Juvénal, qui s'écrie dans la sixième satire :

Chaldeis sed major erit fiducia....

« Elles ont encore plus de confiance aux Chaldéens. Tout ce que leur prédit un de ces astrologues leur semble émané du temple de Jupiter Ammon, car Delphes ne rend plus d'oracles. »

Nous devons rappeler, à ce propos, que

la divination jouait, chez les Romains, un rôle considérable dans la religion. Ils avaient leurs augures et leurs aruspices. Les augures formaient un collége particulier de prêtres, qui fut longtemps entouré d'une grande considération. Choisis parmi les premiers personnages de l'État, ils annonçaient la volonté des dieux et prédisaient l'avenir par le vol ou par le cri des oiseaux, par la foudre, ou bien encore en interprétant certains signes tracés sur parchemin. On les consultait aussi bien sur les affaires publiques que sur des questions d'intérêt privé ; et leur crédit ainsi que leur influence dans l'État étaient fort grands.

Il ne faut pas confondre les augures avec les aruspices, qui étaient des devins d'un ordre inférieur. Ceux-ci étaient pourtant aussi des ministres de la religion ; mais ils avaient pour mission de rechercher des présages, soit dans les mouvements de la victime avant le sacrifice, soit dans l'inspection de ses entrailles. Ce genre de divination avait été enseigné aux Romains par les Étrusques, dont les prêtres possédaient une haute réputation de science.

Cependant, au temps de Cicéron, un peu avant la venue du christianisme, il n'y avait plus un citoyen instruit et éclairé qui consentît à remplir les fonctions d'augure ou d'aruspice. La foi dans leurs pronostics n'était plus si grande alors, et les magistrats ne se servaient de leurs décisions que dans un but politique : ils les employaient pour faire de l'arbitraire. L'empereur Vespasien ne craignit pas de se moquer des sortiléges de tous les devins; toutefois, quelques-uns de ses successeurs furent plus favorables aux magiciens, sorciers ou diseurs de bonne aventure, qui vendaient également leurs secrets, leurs remèdes ou leurs prières.

Constantin et ses fils, plus sévères que leurs prédécesseurs, voulurent arrêter la foi dans la consultation des oracles, et ils prononcèrent des peines sévères contre ceux qui se servaient de moyens particuliers pour interroger l'avenir. Mais, loin de diminuer, le nombre des devins augmenta, et il se joignit même à eux des imposteurs, qui débitaient de prétendues prophéties tirées des oracles sibyllins. Les empereurs sévissaient parfois avec rigueur, sans que la pénalité empêchât les devins et les augures d'exercer leur art, et les citoyens s'obstinaient plus que jamais à croire aux opérations magiques, à consulter les oracles et à vouloir connaître l'avenir.

Sous le règne de Jovien, deux devins s'acquirent une grande célébrité : un Lydien, du nom de Patricius, qui passait pour fort habile à expliquer les présages célestes ainsi que les songes ; et un Phrygien, appelé Hilaire, qui prédisait l'avenir à l'aide des formules et des signes écrits transmis par les Chaldéens. Ainsi, malgré les lois rendues par certains empereurs, malgré les poursuites exercées contre les devins et les augures, l'art divinatoire était encore pratiqué ouvertement à la fin du IVe siècle. Peu de temps avant la mort de Valens, en 378, on vit même ces ministres de la crédulité populaire prédire la fin du prince qui s'était montré leur plus cruel ennemi.

Ces derniers faits suffiraient pour démontrer combien les édits des princes ont peu d'effet quand ils s'attaquent aux croyances populaires. Ici encore la superstition triomphait de la force, car elle est elle-même une force à laquelle les hommes peuvent rarement résister.

III.

Les druides et druidesses prédisent l'avenir, — se réfugient dans certaines contrées où ils conservent leurs traditions. — Devins consultés par les chrétiens. — Enchanteurs et magiciens. — Les Bohémiens. — Condamnation des sorciers. — Croyance à la divination.

Lorsque les Romains pénétrèrent dans les Gaules, ils y trouvèrent les druides, qui tiraient des augures et des pronostics. Il y avait aussi des druidesses, femmes ou filles des précédents, qui étaient également prêtresses : elles prédisaient l'avenir et consultaient les entrailles des victimes immolées par les druides. Ce furent les druidesses qui prédirent à Dioclétien l'empire, et à Alexandre Sévère sa destinée funeste. Les Germains et les Celtes avaient de semblables prophétesses qu'entourait la vénération publique, et dont les avis étaient écoutés des guerriers les plus expérimentés, témoin Velleda, qui souleva les Bataves contre Vespasien.

En entrant dans le pays des Gaules, les Romains y avaient apporté la persécution ; mais la persécution, dont l'effet était nul sur les Chaldéens et les augures, fut également inefficace sur les druides. Elle ne put mettre fin aux croyances et aux usages répandus par ces ministres de la religion, qui se réfugièrent dans les Alpes, les Pyrénées, les Vosges, les Ardennes, et aussi dans la Bretagne, où ils conservèrent, avec leurs divinités, certaines traditions qui devaient se confondre plus tard chez les Francs avec de pieuses pratiques.

Les mesures répressives atteignaient

surtout alors les habitants des villes. Ceux des campagnes, ceux des pays boisés et montagneux, en particulier, se trouvant placés sous la surveillance moins directe des magistrats, échappaient plus facilement à leur surveillance ; et comme, par suite de leur ignorance, ils montraient un attachement plus obstiné aux anciennes croyances, à leurs anciennes superstitions, ils se trouvaient également à l'abri des vexations administratives.

Ce fut là que se conservèrent, avec les vieilles traditions, la science de rendre des oracles, ainsi que celles d'évoquer les morts et d'expliquer les songes. La religion du Christ ne put déraciner le besoin, la passion de connaître l'avenir. Vainement les pères de l'Église s'élevaient contre ce pernicieux attachement à des spéculations blamables et à des pratiques repoussées par la loi nouvelle ; vainement ils lançaient l'anathème contre tous les genres de divination. La curiosité était plus forte que les scrupules de conscience : chacun avait recours aux devins, et tel était l'empire exercé sur les esprits par les gens qui se vantaient de prédire l'avenir, que, dans les premiers siècles du christianisme, il n'était personne qui n'allât les consulter avant de se lancer dans la moindre entreprise.

Tout le paganisme subsistait donc en réalité sous le nom de magie ou de sorcellerie, car les chrétiens agissaient absolument comme les Grecs. En effet, Cicéron, qui a composé un traité particulier sur la divination, nous assure que la Grèce n'envoya jamais de colonie et n'entreprit aucune guerre sans avoir consulté les oracles.

On vit ensuite les enchanteurs et les magiciens dont les noms nous ont été conservés dans les romans de chevalerie. Tous s'élevaient en réalité au-dessus du vulgaire par leurs connaissances et par leur génie. Aussi la crédulité augmenta-t-elle encore leur puissance. Tel fut l'enchanteur Merlin, qui mourut en Bretagne, dans la forêt de Bréchéliant, victime d'un charme auquel il n'avait malheureusement pu se soustraire.

Telle fut aussi la princesse bohémienne Libussa, qui était si habile dans l'art de prédire, que l'on venait de plus de cent lieues pour la consulter. Tels furent enfin bien d'autres devins, magiciens, enchanteurs ou sorciers, parmi lesquels nous citerons encore la fée Mélusine, qui a donné naissance aux maisons de Lusignan, de Chypre et de Jérusalem, de Luxembourg et de Bohême. Tout le monde sait dans le Poitou que cette princesse était changée en serpent tous les samedis, pour avoir donné la mort à son père. Un jour, son mari, Raymond, comte de Poitou, la surprit dans sa métamorphose et l'enferma dans un souterrain de son château de Lusignan. Bien des gens affirment qu'elle y doit vivre encore.

Vers la fin du règne de Charlemagne, la science de la connaissance de l'avenir avait été conservée avec toutes ses règles. Les devins étaient fort honorés, et par conséquent, fort recherchés, malgré les condamnations prononcées par les conciles d'Orléans, en 511, d'Auxerre, en 525, et de Tours, en 813. Pendant tout le moyen âge, la crédulité parut être devenue une maladie incurable. Les sorciers venaient se placer à côté des devins, et des pythonisses trouvaient aussi bon nombre de personnes qui les interrogeaient, tout en sachant que l'Église condamnait leur coupable curiosité. Au XVe siècle, on commença à voir en France une tribu nomade qui venait du fond de l'Inde : on nommait les gens qui composaient cette tribu Bohémiens, parce qu'ils arrivaient directement de la Bohême, où ils avaient séjourné quelque temps.

Les Bohémiens forment une race sauvage qui, depuis quatre siècles, vit au milieu de la civilisation sans que la civilisation ait pu les atteindre. Ils s'annoncèrent comme sachant prédire l'avenir, et le peuple recueillit aveuglément leurs oracles. Cependant, au XVIe siècle, le séjour des Bohémiens en France agita les esprits les plus graves. L'évêque de Paris menaça de ses excommunications tous ceux dont la crédulité invoquerait leurs prédictions, et les états généraux, convoqués en 1560, les condamnèrent eux et leur postérité à un bannissement perpétuel. Cette proscription fut renouvelée en 1612, et l'on ne s'en étonnera pas si l'on songe que l'on attribuait alors à la magie l'influence que la maréchale d'Ancre exerçait sur la faible veuve du roi Henri IV. L'infortunée maréchale monta sur l'échafaud comme sorcière, et, plus tard, on vit encore périr du dernier supplice, pour la même cause, le curé de Loudun, Urbain Grandier, et Catherine Deshayes, dite la Voisin, qui avait été compromise dans l'affaire de la marquise de Brinvilliers, et qui fut brûlée vive en place de Grève. Du reste, les procès de sorcellerie furent nombreux pendant les XVe, XVIe et XVIIe siècles, et l'explication de l'avenir par les cartes y joue un grand rôle.

De nos jours, on trouve encore des bandes nombreuses de Bohémiens, en Alsace, en Lorraine; mais surtout en Espagne, dans nos provinces du midi et en Bretagne. Ces individus exploitent singulièrement l'ignorance et les superstitions des populations qu'ils visitent. Non-seulement ils se vantent de guérir toutes sortes de maladies au moyen de certaines formules, mais ils s'attribuent le pouvoir de connaître l'avenir, et cette science est celle qui leur donne les meilleurs profits.

Au temps où nous vivons, toutes les superstitions n'ont pas été détruites par les progrès de la raison et de la science. Les devins, sorciers, astrologues, augures ou magiciens sont toujours nombreux; mais plus nombreux encore sont ceux qu'une inquiète curiosité pousse à les consulter. Chacun veut fouiller dans les profondeurs de l'avenir; et ce ne sont pas seulement les classes souffrantes et malheureuses qui ont consulté les devins et faiseurs de prédictions. L'histoire nous fournit à chaque pas, dans les plus hauts rangs de la société, des exemples d'hommes qui ont ajouté foi à ceux qui se chargeaient d'expliquer l'avenir. Sans parler de Louis XI, de Catherine de Médicis et de Louis XIII, nous pouvons citer Joséphine Tascher de la Pagerie, à laquelle une négresse prédit un jour qu'elle monterait sur le premier trône du monde. Enfin, celui qui devait réaliser cette prédiction, Bonaparte, le futur empereur des Français, eut également recours à la science de la sibylle de la rue de Tournon : il consulta la célèbre mademoiselle Lenormand.

IV.

Les Chaldéens consultent les astres. — Leurs observations sur des tablettes. — Leurs connaissances étendues. — Pratiques et superstitions des Hébreux. — Opérations magiques des Grecs. — Médée et Circé. — L'oracle de Delphes,

Les faits innombrables que fournit l'histoire ne permettent pas de révoquer en doute la science de la divination depuis la plus haute antiquité jusqu'à nos jours. Nous la trouvons dans le fond de l'Orient, dans la Judée, à Athènes et à Rome. Les prophètes l'avaient puisée chez les Égyptiens, chez les Chaldéens, qui s'appliquaient tout particulièrement à l'étude de l'astrologie, et les saintes Écritures nous ont transmis leurs livres sacrés.

Mais quels moyens les devins chaldéens mettaient-ils surtout en pratique? Nous ne saurions le dire d'une manière précise. Cependant il est avéré qu'ils consultaient les astres, et ils consignaient le fruit de leurs observations sur des tablettes qui leur servaient ensuite dans leurs opérations. Le peuple qui venait à eux, les voyant étudier leurs tablettes placées dans des sens divers, les considérait avec respect. Il n'était pas éloigné de les rapprocher de la divinité, et ceux-ci ne rendaient leurs oracles qu'après avoir habilement interrogé celui qui venait leur demander la révélation de l'avenir.

Or, si les Chaldéens déraisonnaient parfois sur les choses célestes, ils jugeaient assez bien des choses de la terre et savaient arranger leurs réponses d'après les désirs de ceux qui les interrogeaient. Assurément la grande réputation qu'ils s'étaient acquise dans leurs prédictions put faire croire qu'ils opéraient des prodiges; mais il est certain qu'elle dénotait chez eux des connaissances fort étendues. Leur seule science de l'interprétation des songes témoignait d'une grande étude et d'une minutieuse observation des choses matérielles de la vie aussi bien que du cœur humain.

Les Hébreux, qui avaient emprunté toutes leurs superstitions à l'Egypte, admettaient neuf espèces de divination, et ceux qui pratiquaient cette divination avaient pour but, tantôt de pénétrer l'avenir, tantôt de guérir des maladies ou d'en causer en jetant des sorts. Il paraît à peu près démontré que ces diverses pratiques n'avaient pas toutes été puisées chez les devins de la Chaldée ; mais les Hébreux y avaient ajouté, afin d'augmenter, si c'était possible, leur puissance aux yeux de la multitude. Ils puisaient surtout leur force dans des phénomènes singuliers, dans certains troubles nerveux, dont ils connaissaient les effets et qu'ils s'attachaient à faire naître. Ainsi, ils provoquaient les rêves pour les expliquer, et ils parvenaient de cette manière à frapper parfois les esprits éclairés, qui restaient dupes de leurs opérations.

Cependant, ceux qui avaient réellement étudié la science chaldaïque ne se prêtaient nullement à ces prétendus sortiléges, et s'ils observaient moins les astres que leurs devanciers, ils savaient également calculer leurs prédictions d'après les tablettes qui leur avaient été transmises.

Les cultes étrangers prirent en Grèce surtout le caractère d'opérations magiques. Or, comme on y conserva les mots et les formules empruntés aux pays dont ils étaient originaires, les prières et les évocations des devins semblaient aux consultants des paroles mystérieuses, douées d'une vertu surnaturelle : *Ormuzd*, le sage vivant, devint un bon génie, tandis que *Ahrimau*, le malintentionné, fut le dieu des enfers. *Bel*, dont on ne connaissait pas le sens, prit le nom de Jupiter; *Merodach* se transforma en Mars; *Sin* représenta Diane ou la lune; *Mylitta* devint la déesse Vénus, etc. On appliqua enfin aux signes chaldaïques des noms de dieux ou de déesses, et l'on personnifia les métaux aussi bien que les astres et les objets terrestres.

La puissance attribuée aux devins apparaît dans les plus vieilles traditions mythologiques de la Grèce, dans les fables de Médée et de Circé. Médée, que l'on dit fille d'Aetès et de la magicienne Hypsée, fut une femme qui hérita de la science de sa mère. En prédisant à Jason les obstacles qu'il aurait à vaincre, elle le rendit fort parce qu'elle lui donna les moyens de les surmonter. Quant à Circé, fille du Soleil et de la nymphe Perséis, ce fut aussi une fameuse enchanteresse. Elle fixa sa résidence sur le bord d'une presqu'île de la mer Tyrrhénienne, où elle attirait ses amants qu'elle se plaisait ensuite à changer en ours, en lions, en loups et en pourceaux. Les uns disent qu'elle opérait ses tristes métamorphoses à l'aide de breuvages préparés, d'autres assurent qu'elle se servait d'une baguette qu'elle tenait toujours à la main. Soyons assurés qu'elle devint surtout puissante par la science, et que la science fut plus forte que cette baguette qui passa ensuite aux mains des magiciens ou des magiciennes, telles que la fée Morgane, sœur de l'enchanteur Merlin.

Dans la péninsule hellénique, on distinguait les Thessaliennes, qui avaient une grande réputation dans l'art des enchantements. Mais c'était à Delphes, dans la Phocide, que l'on allait pour tacher de pénétrer les secrets de l'avenir. Deucalion et Pyrrha ne consultèrent-ils pas l'oracle de Delphes sur les moyens de repeupler la terre? Delphes était une ville sacrée, au centre de laquelle les Grecs avaient élevé un temple, et près de ce temple était l'ouverture prophétique et le trépied sur lequel la Pythie venait rendre ses oracles tous les sept de chaque mois. L'or, l'argent, les richesses et les offrandes de toutes sortes abondaient dans le temple; mais cette faveur de la fortune lui coûta souvent cher. Les trésors attirèrent souvent la cupidité, et à six reprises différentes le temple de Delphes fut pillé et détruit par d'avides conquérants. Les Gaulois le pillèrent l'an 273 avant Jésus-Christ, et les Thraces s'y ruèrent à leur tour pour s'emparer de ses biens.

V

Les sibylles. — Tarquin l'Ancien et la sibylle de Cumes. — La divination associée au gouvernement chez les Romains. — Demande de brûler les livres des devins. — Croyances des chrétiens aux reliques, talismans, divinations et sorts. — Ignorance du moyen âge. — Révélation des études et de la science des Chaldéens par les anciens manuscrits.

Nous ne saurions nommer le temple de Delphes, consacré à Apollon, sans parler des sibylles qui furent toutes également inspirées par un dieu, au nom duquel elles rendaient des oracles. L'historien Jules Solin et le poëte Ausone veulent qu'il y ait eu seulement trois sibylles : l'Érythréenne, la Sardienne et la Cuméenne. Elien en ajoute une quatrième, l'Égyptienne. Mais Varron en compte jusqu'à dix qui ont été : la Persique, la Lybienne, la Delphique, la Cuméenne, l'Érythréenne, la Samienne, la Sardienne, l'Hellespontine, la Phrygienne et enfin la Tiburne.

De toutes les sibylles, la plus célèbre fut celle de Cumes en Italie. On dit qu'Apollon, épris de ses charmes, lui offrit, pour la rendre sensible, tout ce qu'elle voudrait. Elle demanda de vivre autant d'années qu'elle venait de prendre de grains de sable dans la main ; mais elle oublia de solliciter une égale jeunesse, et, avec les années, elle devint affreuse et décrépite. Quand Enée vint en Italie, elle était âgée de 700 ans, et elle avait encore plus de 300 ans à vivre. On l'appelait Amalthée, Démophile,

Daphné, Hérophile, Phénomoé, Manto et Deiphoboé. Si l'on rentre dans la réalité, on peut expliquer ces divers noms, en admettant que plusieurs femmes se succédèrent dans le rôle lucratif de sibylle, et qu'elles parvinrent pour la plupart à une extrême vieillesse.

Ce fut la sibylle de Cumes qui vint à Rome pour offrir à Tarquin l'Ancien de lui vendre neuf livres de prédictions, renfermant tout l'avenir de Rome. Le roi refusa, et la sibylle brûla trois livres, en demandant le même prix pour les six autres. Tarquin persista dans son refus, et la Cuméenne brûla trois autres livres en exigeant toujours le même prix pour les trois derniers. Surpris de cette singulière opiniâtreté, le monarque acheta les livres qui n'avaient pas été détruits, et la femme disparut pour toujours.

Vers cette même époque, les augures se chargeaient d'expliquer à Rome tous les accidents extraordinaires, les événements heureux ou malheureux de la vie. Ils enseignaient également la manière de se rendre les dieux propices. Enfin, au moyen de certains signes tracés sur des tablettes et combinés avec certains présages, ils annonçaient l'issue d'une tentative ou d'une opération. La divination était alors associée au gouvernement chez les Romains, et les Etrusques avaient eu le talent de la réduire en maximes et en règles. Tous les citoyens la recherchaient donc ou la pratiquaient, et nul ne se hasardait à repousser la science divinatoire. Mais un jour arriva où les devins furent critiqués, puis poursuivis. Ils se réfugièrent dans les montagnes de la Gaule ; mais ils cachèrent surtout les tablettes si utiles, si précieuses qui servaient pour prononcer leurs oracles, et qu'ils appelaient avec raison les livres de l'avenir. Les jurisconsultes eux-mêmes s'acharnaient après ces malheureux. Ainsi Ulpien, blâmant énergiquement l'emploi des moyens magiques, repoussait les livres usités dans ces circonstances, et les appelait des livres dont la lecture était illicite : « *Libros im-*

probatæ lectionis. » De son côté, Julius Paulus disait qu'il n'était permis à personne d'en avoir, et il voulait que tous les grimoires magiques fussent brûlés publiquement, tandis que ceux qui les auraient possédés seraient punis de mort.

Cependant ces livres furent retrouvés entre les mains des druides. Ceux-ci n'en faisaient jamais publiquement usage, à la vérité ; mais ils les étudiaient dans leurs retraites, et ils parvenaient à en posséder si bien le texte et les diverses applications, qu'ils passaient pour inspirés aux yeux des populations. Les druides dominaient ainsi le peuple par la magie, et quand ils disparurent, leur science leur survécut : ils devinrent des enchanteurs. Le christianisme ne pouvait pas plus détruire la croyance aux sciences occultes qu'il ne pouvait changer l'humanité. Les fata de l'antiquité, confondus avec les druidesses, dont le souvenir était toujours vivant, donnèrent naissance aux fées ; les dieux lares, ces génies familiers, devinrent des lutins, des follets, des esprits servants; on attribua aux reliques les effets que l'antiquité rapportait aux charmes et aux talismans; enfin, malgré les condamnations prononcées par plusieurs conciles, on rechercha la divination des sorts.

Ce mode de divination avait été emprunté aux anciens, qui cherchaient la révélation de l'avenir dans les poëmes d'Homère et de Virgile. Quand le christianisme fut démontré aux peuples de la Gaule, ils ne consultèrent plus les sorts d'Homère ou de Virgile; mais ils transportèrent leur superstition sur les livres sacrés. Ils consultèrent les Écritures au hasard; ils tirèrent à la plus belle lettre avec la Bible, et donnèrent à ce genre de divination le nom de sorts des saints. Grégoire de Tours, qui vivait au VIe siècle, mentionne plusieurs fois cette pratique dans ses écrits, et Guibert de Nogent, qui mourut en 1124, témoigne encore, dans le récit de sa vie, de l'existence de cet usage au XIIe siècle.

L'ignorance du moyen âge était si grande

qu'elle perdit rapidement toutes les traditions du passé relatives à la divination. Bien plus, les livres nécessaires à l'étude de cette science disparurent pour la plupart, et les signes usités par les anciens devins, après avoir été défigurés maintes fois, en passant d'un peuple à l'autre, finirent par avoir en France des formes tout à fait différentes. Ainsi, les attributs des divinités antiques furent remplacés par la représentation de la croix, l'image de la Vierge ou même celle des saints ; puis, les noms hébreux de Dieu, ceux des anges, d'Abraham, de Salomon, de David furent substitués à ceux des divinités grecques ou orientales, qui figuraient jadis dans les phylactères et les abraxas, et l'on en fit alors des amulettes ou des talismans que l'on portait comme préservatifs, sans supposer un instant que l'on obéissait à une vieille tradition du paganisme conservée encore par les peuples orientaux.

Cependant les livres qui servaient autrefois aux devins n'ont pas été tous perdus.

Malgré leurs transformations et leurs pérégrinations, on les retrouve dans certains manuscrits grecs et orientaux, qui sont parvenus jusqu'à nous avec leurs signes, nous ne dirons pas étranges, mais inconnus du vulgaire. Il ne servirait à rien de reproduire ici ces signes, puisqu'ils ne sont plus adoptés depuis plusieurs siècles. Toutefois, les livres hébreux, chaldaïques et syriaques nous ont révélé leur signification tout entière, et l'on verra bientôt comment ils ont donné naissance aux cartes. Assurément, même en variant les signes et les figures, on a quelquefois attribué leur véritable sens aux mots et à la pensée première ; mais le plus souvent encore on l'a malheureusement dénaturé, de manière à troubler les esprits et à venir en aide au charlatanisme. Nous rétablissons ce sens aujourd'hui par ce nouveau travail, fait d'après une traduction meilleure et plus exacte des véritables textes.

VI.

Jacquemin Gringonneur. — Origine des cartes. — Tablettes des Chaldéens connues en Chine, — employées par les Bohémiens. — Les naïbi en Italie. — Ancienne division des cartes. — Tranformations diverses. — Nouvelles figures.

Pendant longtemps personne n'a mis en doute que Jacquemin Gringonneur, peintre français du XIVe siècle, n'eût le premier imaginé ces petits cartons peints qui servirent à amuser les instants lucides de la démence de Charles VI. Cette assertion des historiens s'appuyait sur un passage du compte de l'argentier Poupard, ainsi conçu: « Donné à Jacquemin Gringonneur, peintre, pour trois jeux de cartes à or et à diverses couleurs, ornés de plusieurs devises, pour porter devant le seigneur roi, pour son esbattement, cinquante-six sols parisis. » Or, cette assertion était erronée, et il est parfaitement démontré aujourd'hui que Jacquemin Gringonneur ne fut qu'un importateur qui exploita habilement une idée créée dans un but tout différent. Peut-être même ne fut-il que l'artiste employé par un homme aussi adroit qu'ingénieux à faire revivre les choses du passé sous une autre forme.

De savantes recherches faites dans ces dernières années, et tout récemment encore, ont considérablement reculé l'époque de l'invention des cartes à jouer, ainsi que celle de leur introduction en Europe. Et tout d'abord, les cartes viennent de l'Orient comme les échecs. Court de Gebelin fait l'honneur de cette création aux Égyptiens; d'autres en attribuent l'invention aux Lydiens; mais les derniers travaux que nous venons de résumer nous portent à dire que les Chaldéens doivent seuls être considérés comme les créateurs des cartes. Seulement, entre leurs mains elles n'étaient pas encore un instrument de jeu: elles servaient à l'étude d'une science. C'était avec les signes, qui ont produit les tarots italiens et plus tard nos cartes à jouer, que les Chaldéens exerçaient la divination. Cela est si vrai que la tradition, plus forte que les édits, les arrêts de mort et les excommunications, la tradition a voulu que les devineresses de tous pays employassent toujours les livres des Chaldéens, des augures, des sibylles, des druides et autres, livres dans lesquels on puisa les signes destinés à être reproduits plus tard sur des morceaux de carton séparés.

On a vu précédemment quel a été le chemin parcouru par ces tablettes et par ces livres chargés de figures, de mots et de signes particuliers pour arriver jusqu'à nous sous le nom de cartes. Eh bien ! nous pouvons ajouter ici qu'on les connaissait également en Chine, onze siècles environ avant l'ère chrétienne. Ils avaient ainsi traversé toute l'Inde pour parvenir aux Chinois, comme ils étaient passés par l'Égypte et par la Grèce avant d'arriver aux Romains.

Désormais il ne sera plus permis de demander si les cartes sont françaises, allemandes, italiennes ou espagnoles. Il est certain que tous les peuples de l'Occident les ont successivement adoptées ; mais, par rapport à nous, elles ont une origine italienne. En effet, c'est par l'Italie qu'elles ont passé en Europe et pénétré en France. On ne saurait contester en outre que les premières cartes, c'est-à-dire celles des anciens devins, ne ressemblaient nullement à celles dont nous faisons actuellement usage. Pendant plusieurs siècles, les Bohémiens n'en possédèrent pas d'autres. Malheureusement elles ont été peu à peu détruites, et l'on doit le regretter au nom de la science historique. Ces cartes, qui représentaient les figures les plus bizarres, ne servaient qu'à ceux qui faisaient métier de prédire l'avenir. Du reste, malgré leur transformation, elles sont encore à l'usage des devineresses ou tireuses de cartes, qui n'en savent pas toujours malheureusement expliquer le véritable sens.

Vers le XIIe siècle, les Italiens eurent l'idée de prendre un certain nombre de ces cartes divinatoires, et, en changeant certains signes, de les utiliser pour l'amusement et l'instruction des enfants : ils les appelèrent *naïbi*. Ces cartes étaient encore alors uniquement composées de figures représentant les divers états de la vie, les muses, les sciences, les vertus, les planètes ; elles expliquaient les rapports entre les mondes céleste, terrestre, intellectuel, et elles faisaient connaître les planètes, ainsi que certaines fonctions du corps humain. On comprendra donc qu'elles étaient ainsi beaucoup plus propres à distraire que le sept de trèfle, le neuf de cœur, le huit de pique ou le dix de carreau, qui ne portent avec eux aucune instruction.

Dans l'origine, les cartes étaient au nombre de cinquante, divisées en cinq séries de cinq couleurs diverses et de dix cartes chacune. On les peignait avec le plus grand soin sur un fond d'or rempli d'arabesques, et elles représentaient les divers états de la vie, hommes et choses. Mais quand plus tard on forma le jeu, les cartes furent divisées en quatre compagnies égales, ayant une enseigne pour les reconnaître. Dans chaque compagnie, huit soldats, numérotés de 2 à 9, avaient à leur tête un roi, une reine, un écuyer et un valet. L'as servait d'enseigne, et c'est à ce titre que dans certains jeux il marche le premier et est regardé comme la plus forte carte. Bientôt on supprima l'écuyer, on lui substitua le numéro 10, et les cartes reçurent l'arrangement qu'elles ont aujourd'hui.

Après divers changements dans notre France si capricieuse, nos jeux de cartes ont encore subi une foule de transformations. Les noms et les costumes ont varié avec les temps et les circonstances. Cependant il faut remarquer que les costumes des personnages n'ont jamais été l'imitation exacte des habits d'aucun temps : c'était plutôt des caricatures ou des charges que des portraits et des représentations fidèles. Pendant la révolution, on voulut réformer les cartes. Le crayon de David substitua à des images grossièrement faites une composition assez élégante, un trait plein de pureté et des draperies savamment agencées. Les anciens rois furent remplacés par quatre figures représentant les génies de la guerre. Les quatre dames figuraient la liberté des cultes, la liberté des professions, la liberté du mariage et la liberté de la presse. Enfin quatre hommes, en costume civil ou militaire, remplaçaient les valets et se nommaient l'égalité de rang, l'égalité de couleur, l'égalité des droits et l'égalité des devoirs.

Sous le règne de Napoléon, on revint aux anciennes cartes modifiées; après la révolution de février, on a fait des cartes françaises, et sous le nouveau régime, on fabrique des cartes impériales. Cependant toutes ces nouvelles inventions n'ont pu être adoptées, et l'on en revient toujours à notre vieux type, à celui qui représente le mieux l'époque de l'invention du piquet, notre jeu national.

VII.

Les cartes de Charles VI. — Prétendue découverte. — Du Harley et sa famille. — Curieux anagrammes. — Choix des couleurs. — Noms des personnages. — Les cartes connues et prohibées, — perfectionnées sous Charles VII.

Nous pouvons dire maintenant, avec quelque certitude, que les cartes prirent, dès le commencemet du XIIIe siècle, la forme sous laquelle nous les voyons. Au temps de Charles V, elles étaient déjà modifiées ; enfin, au XVe siècle, elles adoptèrent définitivement les figures que chacun connaît.

Le passage de l'argentier Poupard, cité plus haut, ne s'applique donc qu'à une commande faite par le roi Charles VI, en 1392, et ne démontre nullement que Jacquemin Gringonneur fût l'inventeur des cartes à jouer. Tout au contraire, il prouve que les cartes existaient avant lui, et qu'il en avait, comme artiste, fait les ornements. De plus, à l'époque de la maladie du roi, les noms des figures étaient loin d'être arrêtés, et nous en trouvons la preuve dans ceux de certains personnages, tels que le brave Lahire, qui venait de naître alors, et ne pouvait par conséquent être encore connu sous le nom qu'il rendit illustre.

Dernièrement un écrivain distingué, un profond érudit, a annoncé qu'il avait découvert un traité écrit vers la fin du XIIIe siècle, par un certain Antoine Dubuisson, qui faisait connaître l'origine des cartes. D'après ce traité, très-curieux s'il était authentique, les cartes auraient été perfectionnées et transformées telles que nous les connaissons par noble homme *Alexandre-Charles du Harley*, écuyer, seigneur d'*Ersac*, conseiller-secrétaire du roi et son maître d'hôtel ordinaire, lequel, par contrat passé devant les tabellions royaux Fautrel et Le François, en date du 13 avril 1365, avait épousé noble damoiselle *Reine Rochet*, fille de *Lancelot Rochet*, écuyer, seigneur du

Tihy (ou Tilly) et de *Treffeuil*, varlet ordinaire du roi Jean, et de dame Symonne *David*, fille d'un maître des comptes de Philippe, duc de Bourgogne. De ce mariage naquit, le 26 avril 1366, une fille qui fut baptisée le lendemain, en l'église de Saint-Addré-des-Arcs, Colette du Harley d'*Ersac*, et qui fut mariée par contrat du 2 décembre 1385, à Ogyer-Cuer ou *Cœur*, chevalier, seigneur et baron de la *Pallasse* et du *Montcarreau*, capitaine de 50 *piquiers* des ordonnances du roi Charles VI, et qui fut tué dans l'expédition contre le duc de Gueldre.

Cette longue et minutieuse généalogie, qui semble peut-être fastidieuse, a sa raison d'être; elle était nécessaire pour bien comprendre ce qui va suivre.

Il paraît que l'inventeur Alexandre-Charles du Harley excellait au jeu des anagrammes et devait être imbu au plus haut degré du sentiment de famille; car les noms dont il décora les douze personnages de son nouveau jeu de cartes ne seraient pas, comme on le croit généralement, ceux des personnages dont l'histoire et la mythologie nous ont transmis les exploits, mais bien précisément ceux de ses parents ou les siens propres; et il n'est pas jusqu'aux dénominations des couleurs qui ne soient également la preuve de cette piquante révélation :

Le *cœur* rappelle Ogier Cœur, gendre de l'inventeur ;

Le *carreau*, la seigneurie du Montcarreau appartenant audit Ogier ;

Le *trèfle*, le fief de Treffeuil (*Triffolium*), appartenant au beau-père de l'inventeur ;

Les *piques*, enfin, sont une allusion aux cinquante piquiers des ordonnances du roi Charles VI que commandait Ogier Cœur.

Voilà pour les couleurs.

Voici maintenant pour les personnages :

Charles, le roi de cœur, — *Alexandre*, le roi de trèfle, — sont les deux noms de baptême de l'inventeur lui-même ;

David, le roi de pique — est le nom de sa belle-mère :

César, le roi de carreau, — est l'anagramme de « Ersac », fief dudit inventeur;

Judith, la dame de cœur, — est l'anagramme de « du Tihy » seigneurie de Lancelot Rocher, son beau-père;

Argine, la dame de trèfle, — est l'anagramme de *Regina*, en latin signifiant Reine, qui était le prénom de sa femme;

Pallas, la dame de pique, — vient de la baronnie de la Pallasse, appartenant à son gendre;

Rachel, la dame de carreau, — est tout simplement l'anagramme de Charle, son propre prénom.

Aux valets, maintenant :

Lahire, le valet de cœur, — est l'anagramme de Harley, nom patronymique de l'inventeur;

Lancelot, valet de trèfle, — est le prénom de son beau-père;

Ogier, valet de pique, — est le prénom de son gendre;

Hector, le valet de carreau, — est l'anagramme de Rochet, nom patronymique de sa femme.

En voyant cette longue énumération, chacun doit se dire que c'était un fier homme, au point de vue de l'anagramme, que ce noble écuyer, Alexandre-Charles du Harley, seigneur d'Ersac. Et maître Antoine Dubuisson est bien hardi de nous dire qu'il a vu les orginaux ou les copies dûment collationnées des documents sur lesquels il appuyait son dire, et basait l'étymologie des noms donnés aux figures. Il est même bien cruel de venir ainsi détruire nos illusions, en renversant de leurs trônes de carton les monarques, les déesses et les guerriers illustres dont nous étions habitués à contempler les dignes portraits. Malheureusement tous les faits qui précèdent nous semblent inventés à plaisir.

En premier lieu, aucune bibliographie ne fait mention d'un nommé Dubuisson (Antoine) ou tout autre, ayant publié un ouvrage sur le jeu de cartes. Puis ensuite nous n'avons trouvé aucun des noms mentionnés dans les prétendus actes du XIVe siècle. Pour le père Anselme et pour Lachenaye Desbois, les noms de du Harley et de Rochet sont aussi inconnus que les seigneuries d'Ersac, de la Pallasse, du Tilly et de Montcarreau. Les pièces analysées plus haut nous paraissent donc faites à plaisir, et si nous voulions ici rechercher quelque nom dans des titres anciens, nous adopterions plutôt celui d'Étienne Vignolles, qui se rendit illustre sous le nom de *Lahire*, au commencement du XVe siècle. Ce vaillant capitaine était né vers l'an 1390, et il épousa Marguerite, fille de Guillaume *David*, chevalier, seigneur de plusieurs terres dans le haut Languedoc.

Résumons-nous, sans nous arrêter plus longtemps à des hypothèses.

Il résulte d'un passage d'une vieille coutume de Forcalquier, cité par Alexis Monteil, que les cartes étaient connues en Provence vers le commencement du XIIIe siècle. On s'en servait déjà pour le *jeu du roi et de la reine*, et, dès l'an 1240, le synode de Worcester en défendit l'usage aux clercs, ainsi que d'autres jeux déshonnêtes. *Le Renard contrefait*, roman composé vers 1328, parle des fols et folles qui jouent aux dés ou aux cartes; et des statuts monastiques de 1337 proscrivent les cartes, désignées sous le nom *paginae*. Cette défense fut plusieurs fois renouvelée, et si nous pouvons citer un édit du roi de Castille, qui met, en 1387, les cartes au nombre des jeux prohibés, nous devons dire aussi que, vingt ans auparavant, on félicitait et on récompensait le petit Jehan de Saintré de ce qu'il ne jouait pas aux cartes comme ses camarades, les pages du roi Charles V.

Ces simples faits suffisent pour repousser l'opinion de ceux qui ont prétendu que les cartes étaient dues au désir que l'on eut de distraire et d'amuser Charles VI pendant les intervalles un peu lucides que lui laissait la funeste maladie dont il fut atteint en 1392. Charles VI, frappé d'aliénation mentale, était un malheureux, un enfant, pour ainsi dire, que l'on amusait au moyen d'images peintes avec soin, sur un fond d'or rempli d'agréments, et ornées de plusieurs devises. Ce fut très-probablement alors qu'un habile industriel ou un artiste prit les cartes étrangères, dont il affecta une partie à un jeu chevaleresque. En effet, il ne se borna pas à une imitation servile, et en transportant les cartes, il les naturalisa : il en fit un jeu français par le choix des figures qu'il substitua aux anciennes ; plus tard, sous Charles VII, ce jeu fut perfectionné, et on assigna aux divers personnages les noms qu'ils portent encore aujourd'hui.

VIII.

Le jeu de piquet et ses quadrilles. — État de guerre des anciennes sociétés. — Moralité du jeu. — Valeur des cartes. — Attributions et distinctions. — Symboles et significations. — Figures du jeu. — Rois, dames et valets. — Conclusion.

Les ballets, dont le goût commença à se répandre en France sous Charles V, les quadrilles et les tournois, toujours en grand honneur parmi les gentilshommes, malgré les interdictions prononcées par les rois de France, tous ces divertissements enfin donnèrent l'idée du jeu de piquet. Quatre quadrilles, composés de chacun huit personnes ou cartes, composèrent le jeu. Les quadrilles se distinguaient par des couleurs différentes prises des armoiries des personnages ou grands seigneurs qui les commandaient. Il en fut de même pour le jeu, auquel on donna quatre significations qui devaient également représenter les diverses classes de la société.

Du reste, en inventant le jeu, dont nous n'avons nullement à tracer les règles, on se borna à changer les figures, tout en laissant aux cartes leur signification primitive. C'est cette signification ou cette valeur que l'on se propose de faire revivre ici.

Disons cependant tout de suite que, au moyen âge, plus encore que de nos jours, la condition des sociétés était l'état de guerre, d'où cette conséquence qu'elles devaient s'attaquer mutuellement avec des chances égales de gain ou de perte, selon le hasard, c'est-à-dire selon la bonne ou la mauvaise fortune. Le jeu de piquet fut donc, dès son origine, la représentation des exercices militaires; et, en lui appliquant le sens des sciences occultes, la sagesse pouvait triompher de la force, comme la justice pouvait vaincre la vaillance; enfin, le faible luttait parfois avec avantage contre le puissant, à l'aide de la constance et de la fermeté.

La moralité du jeu de cartes dérivait ainsi, soit du concours des différentes vertus ou couleurs à un but commun qui devait réunir toutes les conditions de bonheur et de stabilité, soit du triomphe des vertus morales sur les qualités physiques; elle démontrait l'opposition souvent heureuse de la sagesse à la force matérielle, et prouvait qu'une société dont le chef réunissait toutes les qualités et les vertus représentées par les cartes pouvait arriver à un degré de perfection complète.

Pour démontrer cette vérité, il suffit de reproduire l'ancienne valeur des cartes :

Le *cœur* représenta le clergé ;
Le *trèfle* — la noblesse ;
Le *carreau* — la bourgeoisie ;
Le *pique* — le peuple.

On avait attribué :

Au clergé *(cœur)*, toutes les vertus ;
A la noblesse *(trèfle)*, toute la puissance ;
A la bourgeoisie *(carreau)*, le travail ;
Au peuple *(pique)*, la misère.

Les quatre divisions établies pour les cartes étaient donc parfaitement tranchées, et elles avaient de cette manière gardé le souvenir des distinctions que l'on retrouve dans les écrits orientaux et qui représentent : les prêtres de la loi, les chefs de tribus ou de royaumes, les pasteurs et les esclaves.

En se maintenant dans ces traditions :

Le *cœur* montre le bonheur obtenu par l'étude et par la perfection ;

Le *trèfle* représente la supériorité établie

par la position ou acquise par la richesse;

Le *carreau* est l'emblème d'une existence tranquille obtenue par le travail ;

Le *pique* est l'image du malheur, suite des privations, de l'oppression et de l'esclavage.

Dans les anciennes applications faites à la forme ou à la division des cartes, on avait encore conservé une attribution égyptienne à laquelle les Chaldéens de Rome en avaient ajouté une autre. Ainsi, la figure représentée aujourd'hui par le *cœur* démontrait dans l'origine l'un des quatre éléments, l'air, et les Romains y ajoutèrent l'âge d'or. Le *trèfle* était le feu, puis l'âge d'airain; le *carreau* fut l'eau et l'âge d'argent ; enfin, le *pique* figura la terre et l'âge de fer.

Pour être complètes dans la valeur qu'elles possédaient jadis, les cartes qui nous ont été conservées sous des noms et des formes différentes, dans le jeu de piquet, avaient diverses significations que l'on peut rétablir ainsi :

Cœur était le symbole de tous les sentiments honnêtes et nobles. Il signifiait : sagesse, amour, vertu.

Trèfle figurait la grandeur révérée, objet de l'adoration de tous ; la trinité, nombre parfait, objet du culte chez les Indiens et plus tard chez les chrétiens. Il était l'image de la souveraineté et de la puissance.

Carreau était l'emblème du commerce et du travail. Assis sur un cube, base solide, par opposition à l'instabilité de la fortune dont le pied peut à peine se soutenir sur une roue, il montrait la fixité, la stabilité et la fermeté.

Pique représentait la force militante ou matérielle, qui pouvait au besoin devenir l'auxiliaire de la force morale. Il témoignait de la souffrance, mais aussi de la patience et de la résignation.

C'est sur ces bases et sur les définitions exactes trouvées dans les anciens manuscrits qu'ont été rétablies les diverses combinaisons du jeu que l'on présente ici. Mais avant d'en donner l'explication, qu'on nous permette de dire quelques mots sur les divers personnages que l'on appelle les figures du jeu de cartes.

Celui ou ceux qui distribuèrent les cartes dans l'ordre où nous les trouvons aujourd'hui donnèrent aux personnages que nous appelons rois une foule de noms, avant de s'arrêter à ceux qui sont adoptés aujourd'hui. Ils les nommèrent tour à tour Alexandre, Apollin, Auguste, César, Charles, Clovis, Constantin, Coursube, Cyrus, David, Ninus et Salomon. Après de nombreux tâtonnements, on s'arrêta dans le moyen âge aux personnages que l'on connaît, et que l'on a cru devoir conserver, parce qu'ils avaient aux yeux de tous une raison d'être : ils étaient les souverains ou les chefs de quatre grands peuples. Sans aller rechercher des exemples pour faire preuve d'érudition, il suffira de citer leurs noms et leurs titres pour que chacun se range à notre avis.

Charlemagne était roi des Francs;

Alexandre, roi des Grecs;

César, roi des Romains;

David, roi de Juifs.

Nous devons répéter ici que, dans les anciennes tablettes, plusieurs figures n'avaient point de noms et étaient simplement accompagnées de devises morales ou satiriques. Ceux qui leur ont été appliqués peuvent donc être conservés, et c'est dans ce but que nous avons recherché les personnages qui accompagnaient les rois et qui représentaient primitivement les compagnons ou les contemporains de ces monarques; ils étaient aussi les emblèmes d'une puissance, d'une vertu ou d'une force quelconque.

Pour les femmes, avant d'en venir aux noms de Judith, Argine, Rachel et Pallas, qui ont été imposés, on avait repoussé diverses figures, parmi lesquelles nous reprenons celles qui avaient leur raison d'être, soit par l'époque où elles avaient vécu, soit par le pays qu'elles représentaient.

L'Allemande Hildegarde était la femme de Charlemagne;

La Perse Roxane avait été placée auprès d'Alexandre;

L'Égyptienne Cléopâtre figurait la femme de César;

La Juive Judith était la compagne de David.

Assurément cette dernière n'était pas contemporaine du roi-prophète; mais elle avait été choisie comme une personnification puissante de la race juive, et nous ne savons par quelle étrange combinaison on est arrivé à transporter l'héroïne auprès du roi de cœur, Charlemagne, qui devait représenter le chef des Francs.

Les varlets, devenus par la suite des valets, avaient été choisis, dans l'origine, parmi les compagnons de gloire ou les contemporains illustres des rois. Nous les rétablissons également pour leur conserver leur véritable place.

Charlemagne avait pour varlet le paladin Roland, et non le brave Lahire;

Alexandre était servi par son général Perdiccas;

César se trouvait escorté par Crassus, son ancien collègue au triumvirat;

David voyait auprès de lui le juif Joseph, ministre du pharaon d'Égypte.

Nous nous arrêtons ici. Notre œuvre, si imparfaite et si incomplète qu'elle soit, aura peut-être son utilité. Après avoir montré les anciens devins se servant de leurs tablettes pour consulter et expliquer le sort, nous avons pu les suivre avec ces mêmes tablettes, transformées d'abord en livres, puis en cartes. Ajoutons, en terminant, que les cartes, d'abord instructives, devinrent ensuite un futile moyen d'amusement, dont on ne tarda pas à abuser de telle manière qu'il pût compromettre d'immenses fortunes.

Ce n'est pas ici le lieu ni le moment de faire connaître les nombreuses combinaisons dont sont susceptibles les trente-deux cartes du jeu de piquet. Nous ne saurions davantage expliquer comment certains hommes exercés en tirent parti, soit pour faire avec habileté un grand nombre de tours surprenants, soit pour tromper l'ignorance. Mais, sans dévoiler les infâmes calculs de ceux qui en font un objet de spéculation sur la crédulité, nous pouvons affirmer que la connaissance des cartes et leur interprétation bien comprise sera toujours un amusement ingénieux et une distraction fort agréable.

LE
DESTIN ANTIQUE

VALEUR ET ORDRE DES CARTES.

Pour toutes les opérations de la cartomancie, on doit se servir du jeu de piquet.

L'*as* est considéré comme la plus forte carte. Il tire son nom d'une ancienne monnaie dont on faisait usage pour la solde des troupes, et représente l'unité, le drapeau autour duquel viennent se grouper les individualités pour se soutenir et se défendre.

Vient ensuite le *roi*, parce qu'il est la force; puis la *dame*, qui aide le roi de ses conseils, et le *valet*, qui le sert de son épée; enfin, après le valet, on place successivement le *dix*, le *neuf*, le *huit* et le *sept*.

Avant de commencer toute opération, il

faut bien connaître les cartes avec leurs diverses significations. Mais, tout d'abord, nous devons recommander l'ordre des couleurs, tel qu'il fut établi dans l'origine.

1° Le *cœur* représente le *clergé*. En Espagne on l'appelle *copa*. Jadis il était figuré sur nos cartes par la pointe d'un trait d'arbalète, et en Allemagne on le vit sous la forme d'un perroquet, puis sous celle de l'amour.

2° Le *trèfle* avait jadis la forme de la garde d'une épée. Il est l'emblème de la *noblesse*, tandis que sur les cartes espagnoles il se nomme *basto* et représente les cultivateurs. En Allemagne, il est l'emblème de la science;

3° Le *carreau*, que les anciennes cartes nous montrent comme le fer carré d'une flèche, est l'image de notre *bourgeoisie* actuelle. Chez les Espagnols, il s'appelle *dinero* et désigne les marchands. En Allemagne on l'a représenté tantôt sous la forme d'un lapin, tantôt sous la figure de la folie;

4° Le *pique*, dont l'ancienne forme était

celle de la lame d'une pertuisane, est l'emblème du *peuple*. Avec les cartes espagnoles il s'appelle *espada;* enfin, chez les Allemands, on l'a jadis représenté sous la forme d'un œillet, et maintenant il représente l'agriculture.

SIGNIFICATION DES CARTES.

Donnons maintenant la signification des cartes, en suivant l'ordre que nous venons de rétablir, d'après les anciens préceptes.

CŒUR ou Clergé.

As. — Sentiments honnêtes et nobles. — Sagesse, amour, vertu, courage.

Le printemps, l'âge d'or, l'air (élément).

Roi. — Conquérant, prince généreux et d'un grand courage, représenté par Charlemagne ou Charles le Grand, roi de France et empereur d'Occident, né à Saltzbourg en 742.

Il partagea d'abord le royaume avec son frère Carloman; mais, à la mort de ce dernier, en 771, il resta seul maître du trône et étendit partout ses conquêtes. Après avoir fait une guerre acharnée aux Saxons, il défit Didier, roi des Lombards, dont il prit les États, passa en Espagne et y remporta plusieurs victoires sur les Sarrasins.

Charlemagne détruisit ensuite l'empire des Avares. En 800, le pape Léon III couronna empereur d'Occident ce souverain, qui ne parvint, quatre ans plus tard, à soumettre les Saxons qu'en transplantant les habitants. Il associa son fils Louis à l'empire, en 813, et mourut l'année suivante.

Ce monarque, qui mérita le surnom de Grand, non-seulement par ses conquêtes, mais aussi par ses sages institutions, fonda la première académie qu'on ait vue dans les Gaules.

Dame. — Dévouement, sacrifice, force d'âme.

Hildegarde, issue d'une maison illustre de Souabe, épouse de Charlemagne. Elle fut mère de Pépin, roi d'Italie; de Charles, qui eut en partage la France orientale, et de Louis le Débonaire, qui succéda à Charlemagne.

Valet. — Fidélité, bravoure, gourmandise.

Roland, héros célèbre dans les romans de chevalerie et l'un des paladins de Charlemagne. Il accompagna ce prince à la conquête de l'Espagne ; mais au retour de cette expédition, il tomba dans une embuscade au col de Roncevaux, dans les Pyrénées, et périt avec la fleur de la chevalerie française.

Dix. — Foi, vérité.

Neuf. — Vigilance.

Huit. — Étude.

Sept. — Piété.

TRÈFLE ou Noblesse.

As. — Richesse, puissance. Objet d'adoration. Nombre parfait. Souveraineté. Bonheur.

L'été, l'âge d'airain, le feu (élément).

Roi. — Souverain ambitieux et puissant. Alexandre, fils de Philippe et d'Olympias, né à Pella, l'an 356 avant J.-C., fut élevé par le philosophe Aristote. Il monta sur le trône à vingt ans, conquit la Thrace et l'Illyrie, soumit la Grèce et déclara la guerre aux Perses.

Après avoir passé l'Hellespont, il défit l'armée de Darius et subjugua toute l'Asie Mineure. A Issus, en Cilicie, il fut encore vainqueur de Darius, et cette nouvelle victoire fut suivie de la réduction de Tyr, de Gaza, de la Judée et de l'Égypte, où il fit bâtir Alexandrie.

Une troisième défaite de Darius auprès d'Arbèles, bientôt suivie de la mort de ce prince, rendit Alexandre maître de toute la Perse. Il attaqua alors les Scythes et les Indiens, défit le roi Porus, et revint à Babylone, où ses débauches le conduisirent au tombeau, dans la trente-troisième année de son âge.

Dame. — Noblesse, orgueil.

Roxane, femme perse d'une grande beauté, fille du satrape Oxyarte. Elle fut épousée par Alexandre le Grand et mit au monde

Alexandre dit *Aigus*. Après avoir fait cause commune avec Olympias, mère d'Alexandre, elle se mit sous la protection de Polyperchon, et s'enferma dans Pydna, où elle fut assiégée par Cassandre. Ce général fit massacrer Olympias et enfermer Roxane. Celle-ci espérait sa délivrance, parce que son fils avait été proclamé seul roi ; mais elle ne tarda pas à être mise à mort avec celui-ci par Cassandre.

Valet. — Obligeance, intrépidité.

Perdiccas, général d'Alexandre, fut un des quatre régents nommés après la mort de ce prince. Chargé de faire le partage des provinces, il ne s'en réserva aucune ; mais il fit tous ses efforts pour être seul maître, et épousa Cléopâtre, sœur d'Alexandre. Antigone, Cratère, Antipater et Ptolémée se réunirent contre lui, et ce dernier le défit complétement près de Memphis. Perdiccas, dénué de ressources, fut tué au passage du Nil, 321 ans avant J.-C.

Dix. — Charité, force.

Neuf. — Puissance.

Huit. — Industrie.

Sept. — Fortune.

Carreau ou Bourgeoisie.

As.— Travail incessant, fermeté dans l'action, stabilité, existence tranquille, abondance.

L'automne, l'âge d'argent, l'eau (élément).

Roi. — Inébranlable dans ses résolutions, intrépide, actif.

César, né à Rome, l'an 100 avant J.-C., était neveu de Marius. Prêtre de Jupiter à dix-sept ans, il fut proscrit par Sylla et se retira à la cour de Nicomède, roi de Bithynie.

Revenu à Rome, après la mort de Sylla, il s'appliqua à l'éloquence, fut nommé préteur et envoyé en Espagne, devint consul en 59, et forma avec Crassus et Pompée ce fameux triumvirat qui avait accaparé le pouvoir absolu. Nommé gouverneur de la Gaule pour cinq ans, puis pour cinq années nouvelles, il employa ce temps à conquérir la Gaule, passa en Bretagne, revint à Rome, d'où il chassa Pompée, qu'il poursuivit et vainquit à Pharsale.

César alla en Égypte, où il donna la couronne à Cléopâtre, et alla ensuite battre en Asie Pharnace, roi de Pont ; puis il détruisit en Afrique l'armée républicaine et anéantit le parti pompéien en Espagne. Il reçut les honneurs du triomphe à Rome et se fit décerner la dictature perpétuelle. Les républicains, qui ne pouvaient se soumettre à sa puissance, le tuèrent au milieu du sénat, l'an 44 avant J.-C.

DAME. — Beauté, sagesse.

Cléopâtre, reine d'Égypte, également célèbre par son esprit et par sa beauté. Elle avait dû épouser son jeune frère, âgé de treize ans, et régna d'abord avec lui ; mais, chassée du trône, elle y fut rétablie par César, épris de ses charmes. Après la mort du dictateur, Antoine la manda à Tarse pour qu'elle eût à se justifier de diverses accusations : mais la reine s'y montra si belle, qu'Antoine en devint éperdûment amoureux. Pour elle, il répudia Octavie. La guerre éclata alors entre Octave et Antoine, et ce dernier, battu près d'Actium, ne tarda pas à s'arracher la vie. Cléopâtre se donna elle-même la mort en se faisant piquer par un aspic, à l'âge de trente-neuf ans.

Valet. — Soumission, avarice.

Crassus, triumvir romain, célèbre par ses richesses. Nommé préteur l'an 71 avant J.-C., il mit fin à la guerre de Spartacus. Il fut ensuite nommé consul, puis censeur; enfin il forma, avec Pompée et César, le premier triumvirat. Appelé au gouvernement de la Syrie et chargé de la guerre contre les Parthes, il fut battu à Carrhes par Suréna, qui le fit mettre à mort au moment où il venait traiter de la paix.

Dix. — Justice, prudence.

Neuf. — Travail.

Huit. — Commerce.

Sept. — Générosité.

PIQUE ou Peuple.

As. — Malheur par privation ou oppression, servitude, souffrance, patience, résignation, force militante ou matérielle.

L'hiver, l'âge de fer, la terre (élément).

Roi. — Prince juste, sage, ayant toujours à défendre le malheur.

David, roi des Juifs, né à Bethléem, vers l'an 1071 avant J.-C.

Il conduisait les troupeaux de son père, lorsqu'il fut désigné, à l'âge de quinze ans, par Samuel pour succéder à Saül, et il reçut l'onction royale. Ayant tué le géant philistin Goliath, qui avait défié les Juifs, il se couvrit de gloire en plusieurs occasions; mais Saül, jaloux de ses succès, voulut le faire périr, et il dut se tenir caché.

Après la mort de Saül, David fut reconnu roi à Hébron. Cependant il dut encore disputer, pendant sept ans, le trône à un fils de Saül, qui mourut assassiné. David enleva aux Jébuséens Jérusalem, dont il fit sa capitale. Il vainquit aussi les rois de Syrie et de Mésopotamie; mais il ternit sa gloire en cédant à des passions coupables. Il eut aussi de grands chagrins domestiques : il vit un de ses fils, Ammon, tué par son frère Absalon, et il eut à réprimer la révolte de ce dernier. David mourut âgé de soixante-dix ans.

Dame. — Jalousie, colère, ruse.

Judith, héroïne juive, était fille de Mérari, de la maison de Siméon. Épouse de Manassès et veuve de bonne heure, elle habitait Béthulie, lorsque Holopherne, général de Nabuchodonosor, roi d'Assyrie, vint assiéger cette ville. Les Béthuliens étaient prêts à se rendre, mais Judith leur reprocha leur faiblesse et assura qu'avec l'aide de Dieu, elle saurait les délivrer. Elle alla trouver Holopherne dans le but, disait-elle, de lui communiquer un moyen de s'emparer de Béthulie. Le général, épris de ses charmes, l'accueillit parfaitement. Judith l'enivra et lui trancha la tête pendant son sommeil.

Cette femme, que le motif qui l'inspirait a fait qualifier d'héroïne, mourut à l'âge de cent cinq ans.

Valet. — Astuce, envie.

Absalon, fils de David, assassina dans un festin son frère aîné Amnon, qui avait fait violence à leur sœur commune, Thamar. Après avoir vengé cet outrage, il osa se révolter contre son père; mais il fut défait dans la forêt d'Éphraïm, et se vit contraint de prendre la fuite. Cependant il fut arrêté dans sa course par les branches d'un arbre dans lesquelles s'embarrassèrent ses longs cheveux. Joab, général des armées de David, l'ayant trouvé dans cet état, le tua de sa propre main, malgré la défense du roi.

Dix. — Espérance, vengeance.

Neuf. — Témérité.

Huit. — Guerre.

Sept. — Convoitise.

RAPPORT DES CARTES AVEC LES ANCIENS SIGNES ADOPTÉS PAR LES DEVINS.

Dans les temps anciens, les cartes, qui sont actuellement désignées par des figures, représentaient les signes du zodiaque. C'est pourquoi, sans tenir compte de l'âge ou du sexe de la personne qui désire consulter le sort, il faut choisir la carte qui rappelle l'époque de sa naissance.

Les douze signes du zodiaque, avec leurs figures, doivent être placés dans l'ordre suivant :

1. Le Bélier.	7. La Balance.
2. Le Taureau.	8. Le Scorpion.
3. Les Gémeaux.	9. Le Sagittaire.
4. L'Écrévisse.	10. Le Capricorne.
5. Le Lion.	11. Le Verseau.
6. La Vierge.	12. Les Poissons.

Pour reconnaître ces diverses figures et pour les appliquer au consultant et à la consultante, on devra se souvenir des époques auxquelles elles correspondent et des cartes auxquelles elles se rapportent.

Les voici dans leur ordre avec leurs significations diverses :

1. Le Bélier commence le 20 mars et finit le 19 avril. — Germinal. — Roi de cœur.

2. Le Taureau commence le 20 avril et finit le 21 mai. — Floréal. — Dame de cœur.

3. Les Gémeaux ou Jumeaux commencent le 22 mai et finissent le 21 juin. — Prairial. — Valet de cœur.

4. L'Écrevisse commence le 22 juin et finit le 22 juillet. — Messidor. — Roi de trèfle.

5. Le Lion commence le 23 juillet et finit le 22 août. — Thermidor. — Dame de trèfle.

6. La Vierge commence le 23 août et finit le 22 septembre. — Fructidor. — Valet de trèfle.

7. Les Balances commencent le 23 septembre et finissent le 22 octobre. — Vendémiaire. — Roi de carreau.

8. Le Scorpion commence le 22 octobre et finit le 22 novembre. — Brumaire. — Dame de carreau.

9. Le Sagittaire commence le 23 novembre et finit le 21 décembre. — Frimaire. — Valet de carreau.

10. Le Capricorne commence le 22 décembre et finit le 19 janvier. — Nivôse. — Roi de pique.

11. Le Verseau commence le 20 janvier

et finit le 18 février. — Pluviôse. — Dame de pique.

12. Les Poissons commencent le 19 février et finissent le 20 mars. — Ventôse. — Valet de pique.

Il suffit donc, pour se rappeler les quatre divisions principales, de faire les remarques suivantes :

Cœur est la représentation des trois mois du printemps désignés, dans le calendrier républicain, sous les noms de germinal, floréal et prairial.

Trèfle représente les mois de l'été, c'est-à-dire messidor, thermidor et fructidor.

Carreau est la nouvelle image des mois d'automne, qui correspondent à vendémiaire, brumaire et frimaire.

Pique nous donne enfin la figure appliquée aux mois d'hiver, appelés nivôse, pluviôse et ventôse.

Passons maintenant aux cartes que nous appelons basses, cartes ayant une valeur de dix, neuf, huit et sept, et nous verrons qu'avant d'avoir des noms sans aucune valeur, elles correspondaient, chez les Chaldéens et leurs successeurs, à des signes bien connus des anciens astrologues. Les noms que nous leur donnons aujourd'hui ne sont point ceux qu'ils portent dans les vieux textes; mais on les reconnaîtra par les planètes qu'ils désignaient.

Jupiter	est devenu le	dix de cœur.
Saturne	—	dix de trèfle.
Mars	—	dix de carreau.
Mercure	—	dix de pique.
Junon	—	neuf de cœur.
Vénus	—	neuf de trèfle.
Cérès	—	neuf de carreau.
La Lune	—	neuf de pique.

Le monde céleste était représenté là par la Lune et Jupiter.

Le monde terrestre par Mars et Vénus.

Le monde intellectuel par Mercure et Cérès.

Le monde élémentaire par Saturne et Junon.

Les cartes suivantes, appelées aussi à servir celui qui rendait des oracles, avaient également leur signification. Elles accompagnaient à nombre égal et prises indifféremment les planètes. On les désignait sous des noms particuliers qui correspondent actuellement à diverses cartes inférieures :

Le Grand-Prêtre est aujourd'hui remplacé par le huit de cœur.

L'Ange, par le huit de trèfle.

L'Empereur, par le huit de carreau.

L'Esclave, par le huit de pique.

Le Fou ou l'Inspiré, par le sept de cœur.

L'Ermite, par le sept de trèfle.

Le Triomphateur, par le sept de carreau.

L'Écuyer, par le sept de pique.

A ces vingt-huit cartes on joignait quatre signes qui représentaient autant de chefs de parti ou de section. Nous leur donnons aujourd'hui le nom d'As ; mais on ne saurait trop rappeler que les anciens devins les plaçaient au premier rang, parce qu'ils étaient le centre de toutes les opérations, le point de ralliement général. Il faut donc leur conserver cette place et signaler les divers sens qu'on leur donnait jadis.

L'As de cœur était l'image du monde céleste ; comme saison il était le printemps, et l'air comme élément.

L'As de trèfle représentait tout à la fois le monde terrestre, l'été et le feu.

L'As de carreau montrait le monde intellectuel, l'automne et l'eau.

L'As de pique s'appliquait enfin tour à tour au monde élémentaire, à l'hiver et à la terre comme élément.

INTERPRÉTATION ET CLASSIFICATION DES CARTES.

Toutes les cartes étant bien connues, il faut donner à chacune son sens déterminé et sa valeur dans les nombreuses interprétations qui peuvent leur être appliquées.

Cependant, avant de les expliquer, nous devons signaler une erreur commune à tous nos devins modernes. Ils battent en général les cartes dans tous les sens. Or, c'est le contraire qui doit avoir lieu. Il n'est pas nécessaire de renverser les cartes avant d'en faire usage. Il suffit, comme on le verra plus loin, de les placer en rond sur une table et de les ramasser, sans se préoccuper de l'ordre où elles auront été placées précédemment. En outre, si dans les diverses opérations qui seront tentées, une ou plusieurs cartes venaient à se renverser, il faudrait les laisser ; mais nous le répétons, il n'a jamais été de principe que l'on dût battre les cartes en les mettant tête-bêche, c'est-à-dire les unes placées dans leur position véritable et les autres renversées.

Voici les cartes expliquées avec l'ordre qu'elles occupent dans la classification :

1. (1). As DE CŒUR. — Le Printemps. — L'Air. — L'Age d'or.

D. (2). Principe de la vie, source, origine,

(1) Le numéro de chaque carte a une importance réelle, surtout pour le grand jeu.

(2) Les initiales D signifient *droites ;* R *renversées.*

création, prémices. — La Maison, noble race, famille, aristocratie. — Bonne occasion. — Naissance.

R. Chute, dépérissement. — Faillite, ruine, dégât. — Faute, découragement. — Abîme, précipice.

2. Roi de cœur. — Charlemagne. — Le Bélier.

D. Conquérant, prince généreux, courageux. — Bienfaiteur, protecteur, ami. — Richesses, biens acquis, bénéfice.

R. Prêtre, homme de robe.
Guerre, dissension, dispute, lutte, affaire de justice.

3. Dame de cœur. — Hildegarde. — Le Taureau.

D. Femme de bonnes mœurs, modeste, de grande piété.
Honnêteté, vertu, chasteté. — Mariage heureux.

R. Femme de campagne, intéressée.
Vice, scandale, malpropreté.

4. Valet de cœur. — Roland. — Les Gémeaux.

D. Garçon honnête, bon vivant. — Pensée du consultant.

Fidélité, esprit, intelligence, imagination.

R. Homme faux et dissimulé.

Gourmandise, tromperie, artifice, tricherie.

5. Dix de cœur. — La Foi. — Jupiter.

D. Vérité, probité, équité. — Maison étrangère. — Surprise agréable.

R. Hypocrisie, duplicité, déloyauté, manque de parole.

6. Neuf de cœur. — La Vigilance. — Junon.

D. Succès, gain. — Affection, triomphe, perfection.

R. Revers, abaissement, perte, refus, inquiétude.

7. Huit de cœur. — L'Étude. — Le Grand-Prêtre.

D. Science, occupation, tranquillité d'âme. — Invitation.

R. Fatigue, ennui, privations.

8. Sept de cœur. — La Piété. — Le Fou ou l'Inspiré.

D. Religion, contemplation, félicité. — Pensée à une jeune fille blonde.

R. Fanatisme, chagrin, repentir, traverses.

---

9. As de trèfle. — L'Été. — Le Feu. — L'Age d'airain.

D. Richesse, puissance, souveraineté. — Objet d'adoration, nombre parfait. — Profit, place, argent.

R. Outrage, privation, avilissement, mépris.

10. Roi de trèfle. — Alexandre. — L'Écrevisse.

D. Homme distingué, homme en place, prince, grand seigneur, député. — Changement d'état, avancement.

R. Homme vil, débauché, pervers. Injustice, destitution.

11. Dame de trèfle. — Roxane. — Le Lion.

D. Femme du monde, sincère. Noblesse, orgueil, grandeur, fermeté. — Mariage d'argent.

R. Courtisane, femme coquette, mauvaise langue.

Petitesse d'esprit, amour du faux éclat. — Mauvais mariage.

12. Valet de trèfle. — Perdiccas. — La Vierge.

D. Brave garçon, soldat, marin.

Fidélité, obligeance, intrépidité.

R. Médecin, empirique, charlatan.

Vanité, sottise, perfidie.

13. Dix de trèfle. — La Charité. — Saturne.

D. Fortune, succession, héritage, richesse.

R. Égoïsme, dureté, perte de procès. — Intrigue, la nuit.

14. Neuf de trèfle. — La Puisssance. — Vénus.

D. Cadeau, présent agréable, bon conseil.

R. Avarice, déshonneur, infidélité, revers.

15. Huit de trèfle. — L'Industrie. — L'Ange.

D. Intelligence, bonne nouvelle, réussite. — Affaire d'intéret.

R. Déboire, mauvaise chance, désolation.

16. Sept de trèfle. —La Fortune. —L'Ermite.

D. Supériorité, honneurs, récompense. — Pensée à une brune.

R. Scandale, objet de mépris, disgrâce, manque.

---

17. As de carreau. — L'Automne. — L'Eau. — L'Age d'argent.

D. Tranquillité, stabilité, abondance. — Lettre, nomination.

R. Ruine, famine, billet à payer.

18. Roi de carreau. — César. — Les Balances.

D. Savant, homme actif, marchand, négociant, voyageur.
Force, génie, puissance du travail.

R. Escroc, homme de mauvaise foi, joueur.
Oisiveté, abandon, faiblesse, fatigue.

19. Dame de carreau. — Cléopâtre. — Le Scorpion.

D. Marchande, bourgeoise, mère de famille.
Beauté, sagesse. — Mariage d'inclination, grâce, candeur.

R. Marâtre, femme revêche et colère.
Frivolité, caprice, laideur, indignité.

20. VALET DE CARREAU. — Crassus. — Le Sagittaire.

D. Artiste, écrivain, ouvrier.
Soumission, reconnaissance, dévouement.

R. Homme d'affaires, chevalier d'industrie.
Indélicatesse, ingratitude, fourberie.

21. DIX DE CARREAU. — La Justice. — Mars.

D. Liberté, patriotisme, bienveillance, amour.

R. Oppression, injustice, humiliation, fausse démarche.

22. NEUF DE CARREAU. — Le Travail. — Cérès.

D. Application, étude, bonne conduite.

R. Résistance, dissipation, trouble, déception.

23. HUIT DE CARREAU. — Le Commerce. — L'Empereur.

D. Satisfaction, bonheur, plaisirs, spectacle.

R. Prison, dettes, persécution, retard.

24. Sept de carreau. — La Générosité. — Le Triomphateur.

D. Talent, finesse, espoir. — Pensée d'une jeune campagnarde.

R. Froideur, sécherese.

---

25. As de pique. — L'Hiver. — La Terre. — L'Age de fer.

D. Malheur, souffrance, accablement, surprise désagréable.

R. Résignation, regrets, modération.

26. Roi de pique. — David. — Le Capricorne.

D. Prince juste, sage. — Magistrat, commissaire, avocat.

Raison, zèle, assistance, protection.

R. Pédagogue, officier, gendarme.

Despotisme, asservissement, obéissance, condamnation.

27. Dame de pique. — Judith. — Le Verseau.

D. Mauvaise femme, veuve.

Jalousie, colère, ruse. — Mariage contrarié.

R. Marchande à la toilette, intrigante. Inconduite, passion, entraînement.

28. VALET DE PIQUE. — Joseph. — Les Poissons.

D. Domestique, mauvais sujet, traître. — Astuce, envie, brutalité, lâcheté, servilité.

R. Maquignon, campagnard, fermier. Habileté, énergie, audace, amour du travail.

29. DIX DE PIQUE. — L'Espérance. — Mercure.

D. Révolte, vengeance, cruauté, détournement, danger.

R. Patience, bonté d'âme, société d'amis.

30. NEUF DE PIQUE. — La Témérité. — La Lune.

D. Affliction, maladie, vol, tromperie, insuccès.

R. Indolence, paresse, négligence.

31. HUIT DE PIQUE. — La Guerre. — L'Esclave.

D. Lutte, triomphe, gloire, grande joie.

R. Mauvaise nouvelle, calamité, intrigue, larmes.

32. Sept de pique. — La Convoitise. — L'Écuyer.

D. Impudence, calomnie, débauche, fausseté, envie, méchanceté.

R. Magnificence, honneur, décence, perfection.

RAPPORT DES CARTES ENTRE ELLES.

Le roi, la dame et le valet de même couleur à la suite l'un de l'autre présagent un mariage certain.

Plusieurs cœurs réunis, de quelque manière qu'ils soient placés, annoncent d'excellentes choses, de bonnes nouvelles.

Plusieurs trèfles réunis sont le signe certain d'un héritage, d'une gratification ou d'un don d'argent assez considérable.

Plusieurs carreaux annoncent un grand voyage, un déplacement, ou un changement de position.

Plusieurs piques prédisent une maladie; ce sont de longues souffrances, quand les quatre piques se trouvent réunis.

Cœur réuni à carreau, annonce une union heureuse.

Cœur réuni à trèfle, annonce un riche mariage.

Cœur réuni à pique présage un mariage malheureux.

Carreau réuni à trèfle est le signe d'une entreprise commerciale qui prospérera.

Carreau réuni à pique annonce au contraire l'insuccès d'une entreprise.

Trèfle réuni à pique présage que l'on dépensera son argent en mauvaise compagnie.

Toutes ces indications, puisées aux meilleures sources, méritent qu'on les étudie avec soin. Elles demandent à être bien comprises, pour qu'il n'y ait pas d'erreur dans les divers actes de la divination par les cartes. Négligées trop longtemps, ou plutôt inconnues de la plupart de ceux qui faisaient métier de tirer les cartes, elles ont fait tort à la science. Mais aujourd'hui chacun doit les reprendre, et il n'est personne qui ne puisse les garder dans sa mémoire.

Continuons nos précieuses et intéressantes divulgations :

Quatre as, dans une consultation, annoncent des dangers réels pour une entreprise, des pertes probables dans le commerce ; mais si un ou plusieurs de ces as sont retournés, le danger n'est pas imminent et peut être conjuré.

Trois as présagent un succès; si l'un d'eux est renversé, il y aura une intrigue à combattre.

Deux as signifient obstacle ; mais l'obstacle peut être levé si un as est retourné.

Deux as et une dame montrent une femme qui a des embarras.

Quatre rois dans le même jeu prédisent des honneurs, des dignités, une récompense, une victoire ; mais s'il y en a seulement un de renversé, les récompenses et les honneurs pourront être retardés.

Trois rois signifient protection, amitié, appui ; mais avec un ou deux rois retournés, la protection est moins sûre.

Deux rois annoncent une consultation au sujet d'une affaire importante ; mais on ne pourra s'entendre, si l'un des rois est retourné. Deux rois et deux valets sont le signe d'un événement étrange.

Quatre dames réunies annoncent des fêtes, des plaisirs, des réunions, des soirées ; mais une ou plusieurs dames retournées montrent que l'on rencontrera des femmes peu estimables dans ces réunions.

Trois dames, à la suite l'une de l'autre, présagent des bavardages, des cancans ; avec une ou deux renversées, ces bavardages finiront par des insolences et des injures.

Deux dames de même couleur montrent deux amies ; si elles sont de couleur différente, il s'agit d'un entretien d'amour ;

mais une dame renversée annonce des peines de cœur, de la souffrancc. Deux dames ayant entre elles un valet sont l'indice de la jalousie.

Quatre valets signifient qu'il y aura une assemblée ; ces valets, joints au roi de pique, prédisent une affaire de justice et peut-être un emprisonnement. Si un ou deux valets sont renversés, il y aura de faux amis dans la réunion.

Trois valets présagent une dispute, une querelle, de mauvais propos ; et si l'un des valets est renversé, on sera témoin d'une lutte, ou bien l'on verra du sang répandu.

Deux valets annoncent de mauvais desseins ; si l'un d'eux est renversé, on a évité un grand danger.

Quatre dix dans le même jeu présagent une grande entreprise assurée, un projet qui va se réaliser ; s'il s'en trouve de retournés, le succès sera différé.

Trois dix signalent un changement avantageux; mais, avec l'un d'eux renversé, c'est une chute.

Deux dix annoncent une bonne nouvelle de famille; si l'un des dix est retourné, on sera informé d'une inconduite.

Quatre neuf présagent une surprise agréable pour la maison; s'il s'en trouve de renversés, il y aura une petite brouille de famille.

Trois neuf sont le pronostic d'un retard dans les affaires; s'il y en a de retournés, c'est une position compromise, sinon perdue.

Deux neuf annoncent une bonne fortune, un petit profit; si l'un est retourné, c'est le signe d'une perte au jeu, d'une imprudence. Deux neuf et deux as présagent une épidémie.

Quatre huit annoncent un voyage prochain, l'arrivée d'un parent ou d'un ami; et s'il y en a de retournés, on éprouvera un accident sans gravité.

Trois huit présagent une demande en

mariage; mais, avec l'un d'eux retourné, l'on aura du plaisir ou une bonne fortune.

Deux huit sont le signe d'un attachement sincère; mais s'il s'en trouve un de retourné, on éprouvera un grand chagrin. Deux huit avec l'as de carreau annoncent un violent amour, et avec l'as de trèfle beaucoup d'argent.

Quatre sept représentent des contestations, des menaces entre domestiques ou mauvaises gens ; des reproches, des piéges entre gens de mauvaise foi. — Si quelques-uns des sept sont retournés, toutes ces actions blâmables seront réprimées et punies. Les quatre sept avec un valet annoncent que l'on a un ennemi.

Trois sept annoncent un prochain baptême ou une légère maladie; avec l'un d'eux renversé, on éprouvera une contrariété.

Deux sept sont le signe d'une légère inclination; mais avec un sept retourné, la personne à laquelle on pense ne mérite aucune affection.

EXPLICATION DES CARTES.

Après avoir fait connaître les diverses interprétations des cartes, il reste à démontrer comment il est possible d'en faire une bonne application, comment elles se complètent l'une par l'autre. On connaît, en effet, les cartes qui ne sont encore que des signes. Il faut donc les assembler pour en former des mots, des phrases, et expliquer ainsi les événements futurs.

Nous ne nous étendrons pas trop sur ce point; mais quelques exemples sont nécessaires.

Supposons en premier lieu que la dame de cœur se trouve placée auprès du sept de trèfle, nous voyons tout de suite que c'est une femme honnête qui compte sur une récompense; mais si l'as de pique vient après, elle éprouvera une déception.

Admettons maintenant que cette même dame de cœur soit amenée par le sort à être placée entre l'as de pique et l'as de cœur, on reconnaitra alors que la femme dont nous parlons éprouvera un malheur, et ce malheur sera dans sa propre famille.

En plaçant la même carte entre deux valets, celui de carreau et celui de pique, on devra voir une brave femme qui parvient à se défendre d'un traître ou d'un mauvais sujet par la reconnaissance d'un homme dévoué. Mais les cartes se trouvant placées dans le sens contraire, c'est-à-dire le valet de pique, la dame de cœur et le valet de carreau, il faudra croire que l'astuce et la lâcheté seront plus fortes que le dévouement.

Plaçons le sept de pique auprès de l'as de pique, et nous verrons l'inconduite et la débauche conduire à la souffrance et à l'opprobre. Si c'est le valet de pique qui est auprès de l'as de pique, il n'y a pas à douter que ce soit un domestique tombé dans le malheur, ou un mauvais garnement devenu un sujet de honte.

Ces diverses explications doivent être données selon le rang, le sexe, la condition des personnes qui consultent le sort et veulent lire dans l'avenir.

Le valet de carreau auprès de l'as de cœur nous montrera un artiste appartenant à l'aristocratie, plein d'obligeance, ou bien un ouvrier de bonne famille, plein de soumission et de reconnaissance. Mais ce même valet de carreau placé auprès de l'as de pique nous fait voir l'artiste éprouvant une déception ou bien l'ouvrier accablé par la souffrance. Enfin, si la dame de trèfle renversée se rencontre avec l'as de pique, on reconnaîtra une coquette qui sera surprise d'une façon peu agréable pour elle.

Quand le sort des cartes aura placé l'as de trèfle de manière à le combiner avec le sept de carreau, on pourra assurer que la fortune et les places arriveront à qui possède l'intelligence et le talent. La dame de pique auprès du huit de cœur représente une mauvaise femme qui sollicite une invitation; tandis que la dame de carreau auprès du roi de carreau retourné désigne une mère de famille qui va se trouver aux prises avec un homme de mauvaise foi.

Donnons maintenant quelques exemples pour l'explication de trois cartes qui sortent ensemble.

Le dix de carreau, le huit de trèfle et le roi de pique nous désignent un magistrat qui remplit ses devoirs avec intelligence, tandis que le huit de trèfle, le sept de cœur et le dix de carreau annoncent une bonne nouvelle qui servira tout à la fois la religion et la liberté.

Si l'on rencontre l'as de cœur retourné, avec le dix de cœur et le roi de pique, on peut en conclure qu'un avocat s'occupe activement de la chute ou de la faillite d'une maison étrangère. Mais quand le roi de carreau, le sept de pique et la dame de trèfle sont ensemble, il est presque certain qu'un négociant a calomnié une femme du monde.

En plaçant l'un après l'autre le dix de trèfle, le neuf de carreau et la dame de cœur, on peut être sûr que l'application et le travail assureront de grands biens à une femme de bonnes mœurs. Le roi de carreau retourné avec le neuf de cœur et le dix de cœur nous montre au contraire un escroc qui affecte la probité pour en tirer profit.

Le valet de trèfle rapproché du sept de pique et de l'as de cœur nous montre un brave garçon qui repousse une calomnie dans une lettre.

Le sept de cœur, la dame de pique et l'as de pique annoncent qu'une femme veuve se console de son malheur dans la religion; tandis que l'as de cœur, le roi de trèfle retourné et le valet de pique également retourné indiquent un homme vil qui s'est introduit dans la maison avec un fermier. Enfin le roi de cœur, le huit de cœur et le valet de carreau désignent clairement un protecteur puissant, un homme bienfaisant qui ouvre les trésors de la science à un jeune écrivain.

Nous nous arrêtons ici, car il ne faut pas abuser, même des meilleures choses. Les exemples que nous venons de donner suffiront certainement aux personnes qui auront étudié pendant quelques instants seulement les premières pages de ce livre. Toutefois, nous ne saurions trop recommander la connaissance de la valeur des cartes, afin d'éviter les erreurs. Ajoutons encore que l'on ne doit pas consulter les cartes sans un motif quelconque. Si l'on opère pour soi-même, il faut se proposer un but ou une pensée, et si l'on opère pour une personne étrangère, il est indispensable de lui poser une question. En effet les cartes ayant plusieurs significations, on doit les prendre seulement avec la pensée de l'objet pour lequel elles sont consultées.

Il nous paraît inutile de dire comment les questions doivent êtres posées, ou de quelle manière elles peuvent être formulées. Tout le monde sait cela, il n'est personne qui ne se soit dit un jour, comme en consultant l'avenir :

Ferai-je un bon mariage ?

Serai-je riche ?

Aurai-je des enfants ?

Suis-je aimé ou aimée de la personne que j'aime ?

Ai-je un rival ou une rivale ?

Gagnerai-je mon procès ?

Ferai-je bien de placer mon argent ?

L'entreprise que je projette sera-t-elle avantageuse ?

Mon voyage sera-t-il heureux ?

L'héritage que j'attends me sera-t-il enlevé ?

Irai-je à la campagne ?

Ma femme sera-t-elle bonne, belle ou aimable ?

Mon mari reviendra-t-il bientôt ? etc.

MANIÈRE DE TIRER LES CARTES.

Lorsqu'on veut consulter l'avenir par les cartes, selon les préceptes anciens, il faut prendre un jeu de piquet dont les figures soient à une seule tête. Mais, il est préférable de se servir des cartes du *Destin antique*, parce qu'elles représentent tous les signes sur lesquels se basaient jadis les anciens devins.

Il n'est pas nécessaire d'ajouter au jeu de cartes une carte étrangère pour représenter le consultant. Les Chaldéens opéraient en demandant à la personne qui venait les interroger sous quel signe elle était née. Ainsi doit-on faire en procédant de la manière suivante.

Une personne, née le 29 septembre, veut consulter le sort. Or, en se rappelant ce qui a été dit précédemment, on cherche à quel signe du zodiaque correspond cette date, et l'on trouve *les Balances*, qui sont représentées actuellement par le roi de carreau. Sans se préoccuper du sexe et du teint du consultant, on lui applique alors cette carte, qui à dater de ce moment a une double valeur.

Pour une personne née le 30 juin ou le 20 juillet, on désignera le signe de *l'Écrevisse*, figuré par le roi de trèfle. Pour une personne née le 24 février, on choisira *les Poissons,* représentés par le valet de pique; et ainsi pour les autres dates, en consultant les noms indiqués plus haut.

PREMIÈRE OPÉRATION.

On doit commencer, pour classer les cartes d'après leur ordre numérique, depuis le numéro 1 appliqué à l'as de cœur jusqu'au numéro 32 représenté par le sept de pique. Les cartes ainsi arrangées sont placées en rond sur une table, puis relevées d'un seul coup et battues. Si l'on opère pour soi, on coupe de la main gauche, ou bien le consultant coupe également de la main gauche. Il faut alors expliquer la coupe par la carte coupée, et par celle qui est sous le jeu.

On retourne ensuite les cartes, trois par trois, et toutes les fois que, dans ces trois cartes, il s'en trouve deux de la même couleur, c'est-à-dire deux piques, deux cœurs, etc., on prend celle qui est placée à gauche que l'on pose devant soi. Il faut agir de même si les trois cartes sont de même couleur ; mais si elles représentent trois rois, trois dames , etc., on les prend toutes trois.

Un premier examen de cartes n'étant pas suffisant pour produire le nombre nécessaire, on continue l'opération en battant les cartes qui restent, en les faisant couper et en recommençant à les tirer trois par trois. Enfin on renouvelle une troisième fois l'opération, si cela est nécessaire, jusqu'à ce qu'on ait obtenu de quinze à vingt et une cartes, mais toujours un nombre impair.

Il est également indispensable que la carte représentant la personne pour laquelle on opère soit sortie. Dans le cas où il en serait autrement, il faudrait recommencer l'opération tout entière.

Classement. — Admettons maintenant que quinze cartes sont sorties, et que dans le nombre se trouve *le Verseau*, signe zodiacal du consultant représenté par la dame de pique. C'est un jeune homme blond qui consulte. Il désire savoir s'il obtiendra un emploi.

Les cartes sont sorties dans l'ordre suivant :

1. Le sept de pique.
2. Le sept de carreau.
3. Le huit de pique.
4. L'as de trèfle.
5. Le roi de pique.
6. La dame de trèfle retournée.
7. Le dix de carreau.
8. L'as de cœur.
9. La dame de pique.
10. L'as de carreau.
11. Le dix de pique retourné.
12. Le valet de pique.
13. Le huit de carreau.
14. Le dix de trèfle.
15. Le dix de cœur.

Premier examen. — Après avoir attentivement regardé les cartes, on s'adresse au consultant auquel on dit : « Je vois dans vos cartes *deux sept* qui m'annoncent que vous avez une inclination pour une jeune personne, et *deux huit* qui prouvent que votre attachement est sincère. Les *trois as* me disent aussi que vous réussirez auprès d'elle. Les *deux dames* m'annoncent que parmi vos connaissances, il y a deux amies ; mais la *dame de trèfle retournée* fait voir que l'une d'elles a des peines de cœur. Enfin les *quatre dix* sembleraient présager votre nomination au poste que vous sollicitez, si le *dix de pique retourné* ne m'avertissait que la signature en sera un peu retardée. »

Deuxième examen. — Cette première explication de l'ensemble étant donné , on commence à compter les cartes jusqu'à sept, en partant de la figure zodiacale, qui représente le consultant, et en se dirigeant de gauche à droite. Le nombre sept rappelle les sept planètes des Chaldéens, qui correspondaient aux sept parties principales du corps humain. La septième carte étant le dix de cœur, il faut dire au consultant :

« Vous irez dans une maison étrangère. »

Puis l'on compte jusqu'à sept, en prenant pour un le dix de cœur et en touchant la dame de trèfle retournée, et on ajoute : « Où vous trouverez une courtisane. »

Et comptant depuis la dame de trèfle jusqu'au valet de pique qui est la septième carte, on dira encore : « Avec un mauvais sujet. »

On reprendra le compte en partant du valet de pique, et l'on devra dire sur le huit de pique : « Tous deux paraîtront heureux de vous voir. »

Enfin, en comptant encore jusqu'à sept, on reviendra à la dame de pique qui est la carte par laquelle on a commencé. et l'on ajoutera : « Et ils vous présenteront une mauvaise femme ; mais comme le valet se trouve placé entre les deux dames, il y aura de la jalousie ; enfin les trois dernières cartes de pique, le valet, le huit et la dame annoncent une maladie. »

Troisième examen. — Cet examen étant

terminé, on prend avec la main gauche la première carte, et avec la main droite la quinzième; on les joint et l'on dit : « Le sept de pique et le dix de cœur me disent que vous commmettrez une imprudence dans cette maison étrangère. »

Il faut ensuite prendre, comme on vient de le faire, la première carte à gauche et la dernière à droite. On tient le sept de carreau et le dix de trèfle qui permettent d'ajouter : « Mais votre intelligence vous sauvera et vous aurez de grands biens. Vous prospérerez dans votre entreprise. »

En continuant à recevoir les cartes de la même manière, on prend le huit de pique et le huit de carreau, et l'on dit : « Cette fortune vous procurera non-seulement des plaisirs de toute sorte, mais elle vous permettra de triompher dans une lutte. Vous aurez en outre un attachement véritable. »

L'as de trèfle et le valet de pique que l'on prendra ensuite font ajouter : « La place que vous espérez est promise à un mauvais sujet, et vous dépenserez follement votre argent. »

Mais le roi de pique et le dix de pique retourné « annoncent qu'un magistrat vous accueillera avec bonté, à la suite d'une maladie. »

La dame de trèfle retournée et l'as de carreau montrent ensuite « la courtisane qui vous adressera une lettre, une demande d'argent. »

Enfin le dix de carreau, la dame de pique et l'as de cœur qui reste en dernier nous font voir « la veuve dont vous devez redouter la duplicité, qui viendra faire appel à votre obligeance, jusque chez vous, dans votre famille. »

DEUXIÈME OPÉRATION.

Il faut à ce moment relever les quinze cartes, que l'on bat avec soin ; puis on les coupe ou on les fait couper toujours de la main gauche, et on les divise, sans les regarder, en quatre parties qui sont disposées ainsi : une carte à gauche, une carte devant soi, au milieu, et une carte à droite. La quatrième est placée au-dessus de ces trois tas, pour un usage particulier. Après quoi on met la cinquième sur le premier paquet, la sixième sur le second paquet, la septième sur le troisième, la huitième sur le premier, et ainsi de suite jusqu'à la quinzième. De cette disposition, il résulte que le paquet de gauche et le paquet du milieu ont chacun cinq cartes, tandis que celui de droite n'en a que quatre. Cela fait bien quatorze cartes, sans compter la quinzième qui est restée seule.

On demande alors à la personne qui consulte quel est le paquet dont elle fait choix *pour elle*, et nous supposons qu'elle a choisi celui du milieu où se trouvent réunis : le valet de pique, l'as de trèfle, la dame de trèfle, l'as de cœur et le sept de pique. La connaissance particulière et relative des cartes permet de dire alors : « Un mauvais sujet et une courtisane, sachant que vous allez faire un héritage, ainsi que l'indiquent les deux trèfles, iront chez vous pour manger votre argent et se livrer à la débauche. En outre, la dame entre les deux as me dit que la courtisane a des embarras, et le cœur réuni au sept de pique m'annonce qu'elle veut vous faire contracter un mariage qui serait malheureux. »

On pose ces cartes et l'on prend le paquet de gauche destiné à *la maison,* et qui se trouve composé ainsi : sept de carreau, dix de cœur, dix de trèfle, dix de pique et dame de pique. L'examen complet de ces cartes doit faire ajouter : « Votre talent, votre probité et votre richesse vous ont valu une société d'amis ; mais, dans le nombre, il y a une mauvaise femme qui vous fera faire une chute, ainsi que le prouvent les trois dix dont un est retourné, à la suite de laquelle vous ferez une maladie, comme on le voit par les deux piques réunis. »

Il reste encore à prendre le troisième paquet destiné à l'*imprévu :* il se compose de quatre cartes placées dans l'ordre suivant : as de carreau, huit de carreau, huit de pique et roi de pique, que l'on peut interpréter ainsi : « Vous recevrez une lettre qui vous annoncera une grande satisfaction et un triomphe, grâce à un magistrat qui vous protége. Les deux carreaux et les deux piques réunis annoncent en outre que vous aurez un changement de position et que vous ferez une courte maladie. »

Pour être complète, cette opération doit être recommencée encore deux fois. A la seconde fois, après avoir battu et fait couper les cartes, qui sont au nombre de quatorze seulement, on met encore la quatrième de côté, et l'on explique successivement les divers paquets que nous venons d'indiquer. A la troisième fois il ne reste plus que treize cartes, et l'on en place encore une à part, la quatrième. Enfin, lorsque l'on a donné l'explication des trois paquets du troisième tour, on prend le paquet mis en réserve pour *la surprise*. Il se compose de trois cartes qui, par suite du roulement opéré dans les divers maniements, se trouvent être le dix de carreau, l'as de trèfle et l'as de carreau. On les explique en disant : « Une haute bienveillance vous informera par une lettre qu'elle vous accorde la place que vous sollicitez. De plus, le trèfle uni à carreau annonce que vous réussirez dans votre entreprise. »

Il y a encore plusieurs manières de tirer les cartes. Nous allons les indiquer ici, quoiqu'elles soient en général moins pratiquées. Cependant il faut déclarer tout d'abord que l'on ne saurait les employer que pour répondre à une question bien nette et bien précise.

On tire les cartes en formant le jeu, non plus en tournant trois cartes sur lesquelles on en choisit une, mais en comptant par sept, et c'est la septième que l'on place découverte sur une table. Par ce moyen d'opérer, on n'a d'abord que la septième, la quatorzième, la vingt et unième et la vingt-huitième : total quatre cartes. Alors on renouvelle le tirage, en procédant de la même manière, jusqu'à ce que l'on ait quinze cartes, au nombre desquelles doit se trouver celle qui représente l'époque de la naissance du consultant. Enfin on se livre à l'examen et à l'explication, en se conformant aux prescriptions établies précédemment pour la divulgation du mystère des cartes.

Il est encore possible de consulter le sort en faisant diviser les trente-deux cartes en deux parties. Le consultant choisit l'une des deux, et l'on tire la première carte du paquet choisi pour *la surprise*. En effet, de quelque manière que l'on opère, il est nécessaire de ne pas oublier la surprise. Il importe donc de bien examiner les cartes dans leur ensemble et d'en déterminer le sens, d'abord d'une manière générale, puis avec leur signification individuelle et relative, soit par rapprochement, soit par analyse. On explique en comptant par sept á partir de la carte du consultant; on prend les cartes deux à deux, l'une à droite, l'autre à gauche ; on mêle, on coupe, on fait trois fois les trois paquets *pour la personne, pour la maison, pour l'imprévu;* enfin on donne de chacun d'eux une explication claire et nette. Toutefois, en opérant ici d'après la division des cartes, on a, pour *la surprise*, quatre cartes, car on doit se rappeler que, avant de commencer les diverses interprétations, on a eu soin de mettre la première de côté.

LE GRAND JEU.

Maintenant il nous paraît essentiel de donner quelques indications pour exécuter le grand jeu. Et tout d'abord nous prévenons que, comme pour les cas particuliers, le nombre des cartes n'est plus facultatif, mais qu'il doit être rigoureusement exact.

Expliquons notre pensée. Lorsqu'une question est adressée au cartomancien, il peut, à sa volonté, ou selon les chances du sort, se servir de quinze à vingt et une cartes. Il en est ainsi pour chaque question spéciale à laquelle il doit répondre. Mais quand on désire savoir sa destinée tout entière, quand on veut fouiller dans les secrets de l'avenir, il est indispensable d'opérer avec vingt et une cartes. Alors, mais seulement alors, il faut de toute nécessité consulter les souvenirs qui nous sont restés des anciens rites chaldaïques, grecs ou égyptiens.

Lorsque les Égyptiens voulaient développer la chaîne des événements de la vie d'un homme, connaître s'il était bon, savant ou ignorant, enfin ce qu'il serait dans son passage en ce monde, ils commençaient par examiner l'anneau dans lequel l'homme était placé, et ils acquéraient cette connaissance par le jour du mois où il était né. Pour arriver au même résultat, il importe donc de connaître le signe du zodiaque sous lequel le consultant est né, l'époque de l'année à laquelle correspond ce signe, et quelle application on en peut faire par rapport aux influences qui prédominent sur l'avenir du consultant. Il faut aussi voir quelle action les divers éléments peuvent avoir sur les planètes ou sur les personnages qui les accompagnent.

Pour nous mieux faire comprendre, nous prendrons pour exemple une jeune fille née le 9 janvier. Cette date se rapporte au signe du *Capricorne,* et le Capricorne est représenté par le roi de pique que nous enlevons du jeu.

Le Capricorne correspond au premier mois d'hiver que l'on a désigné dans un temps sous le nom de nivôse, et dans l'art divinatoire il représente la Terre et le monde élémentaire. C'est donc l'as de pique qu'il faut encore prendre.

Mais on a donné au monde élémentaire, pour le développer, Saturne et Junon. Le premier est devenu le dix de trèfle, et Junon se retrouve dans le neuf de cœur. Retranchons ces deux cartes du jeu.

Enfin, vu l'état de la personne qui consulte, nous adjoindrons à ces cartes le Grand-Prêtre, qui doit instruire la jeune fille, et l'Ermite, qui la dirigera dans la bonne voie. Ces cartes ne sont autres que le huit de cœur et le sept de trèfle, que nous détachons encore.

Ainsi nous avons le roi de pique, l'as de pique, le dix de trèfle, le neuf de cœur, le huit de cœur et le sept de trèfle, qui représentent tout ce qui se rattache à la consultante.

Plaçons ces cartes dans le même ordre, avec les numéros auxquels elles correspondent, et nous trouvons :

Nos 27. Roi de pique,
26. As de pique,
13. Dix de trèfle,
6. Neuf de cœur,
7. Huit de cœur,
16. Sept de trèfle.

Il faut additionner ces chiffres, qui donnent pour total 95, et l'on remarquera aussitôt que l'on trouve, dans ce résultat, trente et une fois le nombre mystique 3 avec un reste de 2 points, et sept fois le nombre céleste 12 avec un reste de 11 points. Il y a là une imperfection qui prouve que la consultante aura à surmonter un obstacle. Et, en effet, si l'on explique les cartes que l'on a en main par les symboles qu'elles représentent, on verra qu'elle est placée tout d'abord sous la protection d'un prince juste (roi de pique). Cependant elle a été déjà éprouvée par le malheur (as de pique); elle aura recours à la charité (dix de trèfle); mais la vigilance (neuf de cœur), et les fruits de l'étude (huit de cœur) la conduiront certainement à la fortune (sept de trèfle).

C'est à la suite de ces diverses opérations et interprétations que l'on doit tirer, selon la première méthode, c'est-à-dire trois par trois, quinze cartes qui viennent s'ajouter aux six premières, et forment le nombre 21 nécessaire pour connaître les diverses phases de la destinée du consultant ou de la consultante. On n'aura pas oublié, avant de procéder à ce tirage, que les cartes ont dû être jetées en rond sur une table, puis battues et mêlées.

Maintenant il nous paraît inutile de répéter à cette place la manière d'opérer pour l'explication des cartes. On devra, comme il a été dit plus haut, examiner l'ensemble, compter par sept, en partant de la figure qui représente le consultant, et faire ensuite les trois paquets ainsi que celui de la surprise. Chaque explication devra être donnée selon les préceptes déjà indiqués. Seulement, il faudra rechercher la plus grande somme de qualités et de vertus, de vices ou de défauts, plutôt que de s'attacher à donner le sens des choses actuelles de la vie.

Prenons pour modèle un paquet de six cartes pris dans ceux qui auront été formés pour le consultant, pour la maison ou pour l'imprévu, et admettons que ces cartes sont :

L'as de trèfle,
Le neuf de cœur,
Le sept de trèfle renversé,
L'as de carreau,
Le roi de carreau,
Le dix de pique.

L'opérateur, après s'être recueilli, pourra

s'exprimer ainsi : « L'as de trèfle me dit que vous avez de la puissance sur vous-même ; mais le neuf de cœur et le sept de trèfle retourné m'annoncent que vous aurez de l'affection pour un individu qui ne mérite que le mépris. Je vois en outre, par le cœur placé entre les deux trèfles, que vous ferez un riche mariage. L'as et le roi de carreau me disent encore que vous avez fermeté et courage, et ce qui le prouve, c'est que ces deux cartes réunies présagent un voyage fait par vous dans le but d'accomplir une vengeance, selon le signe indiqué par le dix de pique. »

Nous nous arrêtons après cet exemple, car en les multipliant, nous dépasserions peut-être notre but. Les diverses notions données précédemment suffiront sans aucun doute, si imparfaites qu'elles puissent être, à toute personne qui voudra étudier le sens véritable à appliquer aux cartes. Assurément l'étude n'en sera ni longue ni difficile, grâce aux nombreuses interprétations que nous avons pu recueillir. Désormais la cartomancie ne sera plus un mystère pour personne. Chacun y pourra trouver une distraction, un amusement agréable, et, jeunes et vieux, se feront également un plaisir d'expliquer l'avenir avec autant de certitude que les anciens devins.

Impr. Paul Dupont, rue Jean-Jacques Rousseau, 41. (3966)

24

www.ingramcontent.com/pod-product-compliance
Ingram Content Group UK Ltd.
Pitfield, Milton Keynes, MK11 3LW, UK
UKHW021052260726
13994UKWH00002B/522

9 782329 489704